きます。

人生観がガラリと変わってしまうからです。

吉野信子先生は、カタカムナにはまって、とうとう48音の思念表を作ってしまいました。それがそのまま数霊の表になって、いろんな言葉を数霊計算していくうちに、すべてが矛盾なく当てはまる感動で、さらにカタカムナにはまっています。

私自身も、薬を使わず、愛と笑いと言霊で癒す精神科医として、言霊追求からカタカムナにはまり、沖縄で吉野信子先生のカタカムナセミナーを主催していました。とうとう吉野信子先生と一緒に、大阪の高槻でカタカムナ学校と研究会を始めてしまいました。

毎月楽しくわざわざ沖縄から通っています。

50人の生徒さんたちも、全国から集まって、毎月カタカムナと向き合って、楽しみながら、びっくりしながら、深淵なカタカムナ世界にどんどんはまっています。

この本は、それと並行して対談を4回続けて、できあがったびっくりのカタカムナの本です。

はじめに

この本を手に取ってくださって、ありがとうございます。

カタカムナと聞いて、わくわくされた方は、すでにカタカムナ研究家の吉野信子先生の言霊や数霊の本を読まれたかもしれません。

初めてなのに、ピンときて、手に取った方は、あなたの魂さんが、直観で「これは面白そうだ！」と感じてくださったのだと思います。

カタカムナは、古代超直観科学を表す、神代文字です。

世界の言葉の大元です。

カタカナ、日本語の素でもあります。

とても古くて、でも新しい、面白くて深い世界です。

おめでとうございます。この本に出会えて、これから、あなたも面白いカタカムナの世界にはまっていきます。

「人生のしくみ」や「宇宙のしくみ」がわかって、人生がもっと豊かに楽しくなって

カタカムナでめぐる聖地巡礼

KATAKAMUNA

精神科医
越智啓子

カタカムナ研究家
吉野信子

徳間書店

じつはこの本が発案されるずっと前から、いつの間にか、私たち2人は、感じるまま、天に導かれるままに、ひたすら地球の平和を祈りながら聖地めぐりをしてきました。

その中で、見事に点と点が結びついて、カタカムナで謎解きが進み、不思議な流れで、いろんなことがわかってきました。

祈りながら聖地巡礼を続けてきたことが、本当にユートピアへの道になってきています。

カタカムナウタヒがカタカムナ文字の渦で描かれているように、私たちもそれぞれ、違う人生を歩んできたのに、カタカムナという強力な磁石でつながり、めぐって、同じ方向を向き合うようになりました。

あなたも、この本を読むことで、カタカムナに導かれた奇跡の軌跡を、一緒にたどりながら、いつの間にかカタカムナの言霊や数霊に魅了されていく不思議な体験ができると思います。

まずは、琉球沖縄からスタートしています。そして広島、九州、六甲、富士山までです。私が、衝動行為で東京から１９９９年に沖縄に移住してきてから、沖縄の聖地めぐりをしてきたことが役に立っています。

読み終わったときに、自然に同じような聖地巡礼をしたくなるかもしれません。そうなってくださったら、とても嬉しいです。

もっとカタカムナを知りたいと、学校や研究会に参加してくださったら、さらに嬉しいです。

この本は、普通の軽い対談本ではありません。

始まる前の序章から、しっかりとカタカムナの基礎が学べるように基盤＝マトリックスがセットされています。

その基盤の上を縦横無尽に、２人で旅をしながら、カタカムナで謎解きをしていきます。

すぐにはわからなくても、カタカムナの世界がじっくりわかってくると思います。

カタカムナと向き合って、四つに組んで、しっかりと受け止めてください。

それに答えられるように、ばっちりと解説されています。

この本が世に出るころには、２人はイスラエルの旅に出ています。

世界にカタカムナを伝えるべく、『日月神示』に書かれているように、丸チョンをしにいくのです。ユダヤと日本が統合して、いよいよ地球の平和が加速していきます。

ひたすら地球の平和の実現のために、カタカムナを世に出そうとしているのです。

本気で、地球の平和を実現したくて、カタカムナにはまってきました。

この本もそのために作られています。

志を同じくする人に届けたくて、作りました。カタカムナを通じて、平和を祈る人々を集めたくて、ここまで来ました。

煮詰まって、カタカムナ漬けになり、楽しくて美味しいカタカムナ本です。

読みながら、不思議なカタカムナの世界に突入してください。

大いに楽しんで、びっくりしながら、面白がってください。

それでは、素敵な楽しい聖地巡礼の旅へＧＯ！


カタカムナにはまった、人生のインスト楽多～笑いの天使

越智　啓子

カタカムナでめぐる聖地巡礼《目次》

INTRODUCTION
序章　カタカムナで聖地をめぐるということ

CHAPTER ONE
第1章　地球の中心を訪ねる【沖縄編】

CHAPTER TWO
第2章 平和と隼人をめぐる【広島・九州編】

CHAPTER THREE

第3章　カタカムナの大元をたどる【六甲・富士山編】

FINAL CHAPTER 終章 思いが現象化するということ

構成／リエゾン、
装丁／冨澤　崇

序章

INTRODUCTION

カタカムナで聖地をめぐるということ

カタカムナの奥深さを知る旅

【吉野】この本を手に取ってくださってありがとうございます。

みなさまの中には、カタカムナについてすでに勉強されている方もいらっしゃれば、興味はあったけれどまだよくわからないという方もいらっしゃるでしょう。

カタカムナ文明とは、縄文以前、1万2000年前から4万年前ごろまでの上古代と呼ばれる時代に存在したと言われている超高度な文明です。世に知られるようになったのは、科学者である楢崎皐月《ならさきこうげつ》氏の功績によるもので、兵庫県六甲山系金鳥山《きんちょうざん》付近で「平十字《ひらとうじ》」という猟師風の不思議な人と出会い、彼が持っていた巻物を写し取ったものが、今に伝わるカタカムナ文献と言われるものです。これは日本語の48音が初めて示された原点でもあります。

最近ではさまざまな方が研究をされていますが、私自身も導かれるようにこのカタカムナの研究に没頭し、試行錯誤した結果、カタカムナの48音それぞれに宿る思念を特定し、音の本質的な意味をつかみました。そしてそれらを元に、言葉の思念、数のエネルギーなどを駆使すると、事柄、物、現象等の本質的な意味を理解することができるのです。それは見事なほどに正確です。

すべてはエネルギー（波動）ですから、言葉にも数にも形にもそのエネルギーがあります。それらが持つエネルギーの本質を読み解くことができれば、すべてのことが理解できると私は確信しています。

本書では、精神科医の越智啓子先生と一緒にカタカムナにゆかりのある聖地をめぐりながら、カタカムナの奥深さの一端を感じていただければと思っています。

日本の聖地というのは日本の神様がいらっしゃるところでもあります。

古事記の上巻《かみつまき》は、最初の章から天の岩戸開きのところまでに、この世界を作った神様のお名前が出てきますが、カタカムナウタヒ（文献）にはその神様たちがその順番で表されています。

ですから、神様のお名前や地名などを読み解いていけば、そこに込められている意味が明らかになりますし、また何らかの理由でこれまで封印されてきた神様のこともわかるでしょう。

読み解き方については、ここでは詳しく説明する余裕がありませんが、思念読みの基本は思念表を使って、①頭から順番に、です。濁点はおおむね「内なる」をつける。②同じ文字が続くときは現象が続いて起こる。③「ン」は強める。④破裂音は勢いを増す。⑤音引きは短い時間経過を表す。これらを基本に、しっくりくる文章になるように助詞をつけて読みます。

数霊《かずたま》も同様です。数字にもエネルギーがありますから、言葉にそれぞれの数を当てはめて、一定の法則にもとづいて計算すると、その言葉が持つエネルギーが見えてくるのです。

このように言霊《ことだま》や数霊《かずたま》、形霊《かたたま》を駆使して、時には直感を使いながら、いろいろな角度から見ていくと物事の本質が見えてくる、それがカタカムナの世界です。

読み解きの詳細については私の著書2冊『カタカムナ　言霊の超法則』『カタカムナ　数霊の超叡智』（徳間書店）に詳しく書きましたのでご興味のある方はお読みいただければと思います。思念表と数霊表は本書でも掲載されていますので、参考にしてください。

この旅で日本のルーツや、それぞれの神様の働きなどを理解していくことで、日本とは何か、「私」とは何かということを明らかにしていきますが、その旅はまだ途上と言ってもいいかもしれません。まだまだ日々、新しい発見や気づきが出てきていますから。

とはいえ、これまでの過程でもかなり深い話になっていますので、カタカムナの奥深さを感じ、ご自身でも物事の本質をつかむきっかけにしていただければと思っています。

三種の神器とカタカムナ

【吉野】私がカタカムナを使って、神様の世界や古代の日本を読み解けると確信しているのには理由があります。

それはカタカムナの中心図象、八咫鏡《やたのかがみ》と草薙剣《くさなぎのつるぎ》（フトマニ）と勾玉《まがたま》（ミクマリ）の3つによってです。いずれも天皇家に伝わっている三種の神器ですね。

フトマニ（草薙剣）

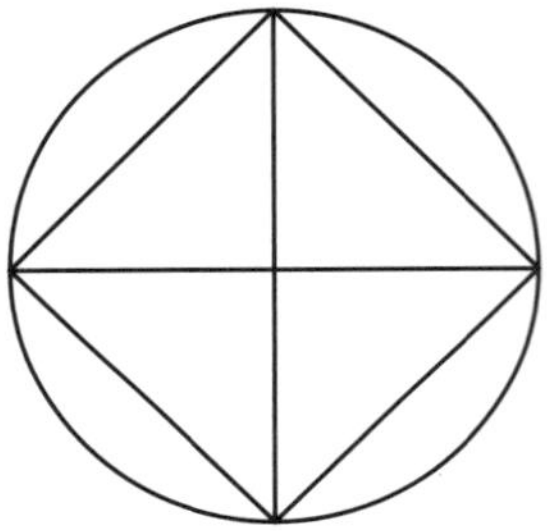

ヤタノカガミ

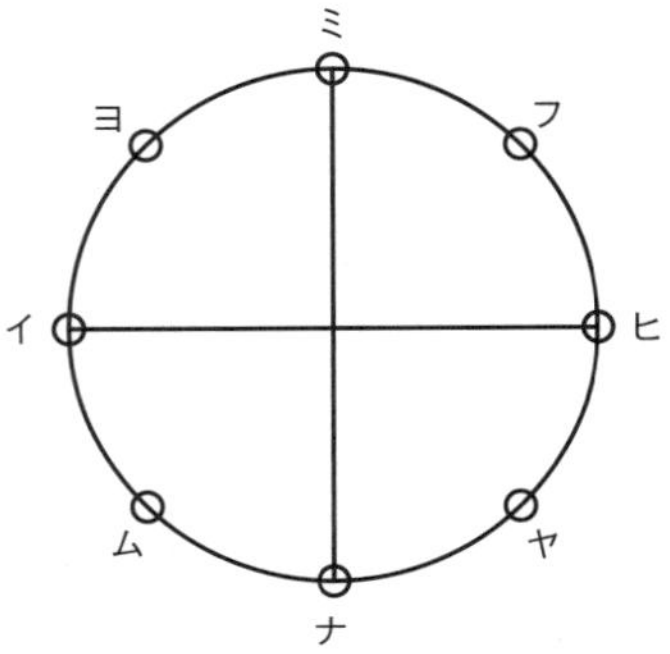

◎八咫鏡（ヤタノカガミ）

天《あま》の安《やす》の河《がわ》の上流にある天の堅石《かたしわ》を取り、天の金山《かなやま》の鉄を取り、イシコリドメの命《みこと》に命じて作られたという神聖な鏡。

◎草薙剣（クサナギノツルギ）

八岐大蛇《やまたのおろち》を退治したときにその尻尾から出てきた聖剣。

ひし形の図象は、剣を切っ先から真正面に見たときの形ですが、3次元ではそこにピラミッドが出てきます。

◎ミクマリ（勾玉）

勾玉は見えている部分だけではなく、見えない部分があって、もうひとつの同じオタマジャクシ

ミクマリ（勾玉）

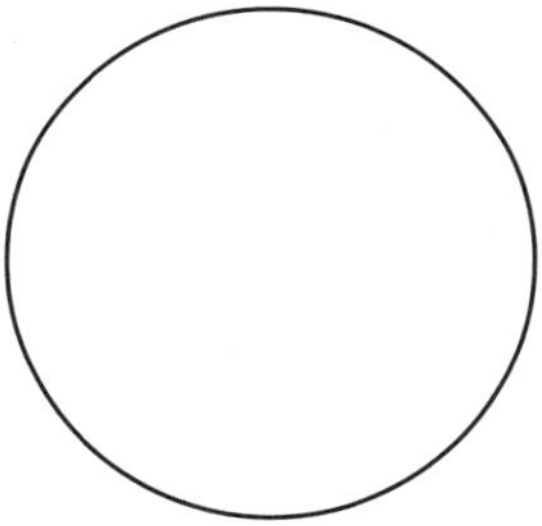

のような形と互い違いに合わさってひとつの球体になっています。陰陽の図の白い「陽」の部分が勾玉で見えないエネルギーを表わしています。黒い「陰」の部分が見えている肉体物質を表わしていて存在しています。だからタマなのです。

カタカムナ文献がこの三種の神器を中心に置いていることを考えると、日本の歴史の大元はカタカムナ時代にあるとみて間違いないだろうと私はとらえています。

たとえば、この三種の神器の「神器」とは何か、カタカムナの思念読みで、ジンキと読む場合と、シンキと読む場合の2通りで読み解いてみましょう。

ジンキの思念：生命の内側にある見えない大いなる示しのエネルギー

シンキの思念：大いなる示しのエネルギー

神器というのは、本質的にはエネルギーのことであり、三種の神器とは、この世や生命体を生み出し、維持するエネルギー構造のことになります。そのことを表す儀式が現在でも皇室に引き継がれています。それは「立太子《りったいし》の儀」と言って、皇子が次の天皇に任命され、皇太子に即位するときに行われる儀式（秘儀）です。

私も聞いただけですが、油紙で蓋をしたマナの壺があり、その蓋を次の天皇になる皇子が小刀で十字に切って開け、そこに入った50枚の文字を刻んだセラミックをひとつずつ取り出し、出てきた文字を「ひーふーみー」と読み上げるのだそうです。この儀式を経て皇子は天皇の継承権をもつ皇太子になるそうです。

この話を聞いて私は、天皇家はやはりカタカムナを引き継いでいると確信しました。カタカムナ文字にとって十字はとても重要な意味があります。カタカムナはすべての生命、物質の核であり、そこからトキトコロ（時間と空間）が発信・放射され、生命活動が、維持されていると説きます。そしてそれこそ宇宙のすべての物質、生命体に一貫する共通の性質、相似の象《かたち》だと言っているのです。

この中で「十」はエネルギーの放出口であるとともに進入口でもあり、エネルギーが放出されて、ぐるっとめぐってまた戻ってくるという循環の要《かなめ》の役割を果たします。

その様子を表しているのが、カタカムナ文献の渦巻き紋様です。

カタカムナのカタとは「カタチあるもの＝物質・生命体」のことであり、カムとは「その力の広がり＝生命エネルギー」のことで、カタとカムを統合する核を「ナ」と言います。「ナ」は「十」に通じます。

カタとカムの統合した肉体から、ナを通して放出されているものが言霊であり、生命体から放出されている言霊が、現象界に実体を表す力となっていると、カタカムナでは説いています。

あなたの中にいる私、私の中にいるあなた

【吉野】私たちは主に2人で旅をすることになったのですが、それにもまた意味があります。なぜなら、

I'n（Iとin）& you（あなた）　陰 I('n) & 陽 (you)　陰陽統合

私という陰は、あなたという陽と一緒になることで、統合が図られます。そうすると、私の中にあなたがいて、あなたの中に私がいることになります。

カタカムナが表しているとても大切なメッセージのひとつに、異なる2つのものが調和して統合し、陰でもなく、陽でもないものになり、命の種が生まれるということがあります。生命で言えば、男性と女性ということになりますが、それだけではなく、物事すべてに陰と陽の側面があるのです。

啓子先生と私もある意味で陰と陽なのだと思います。

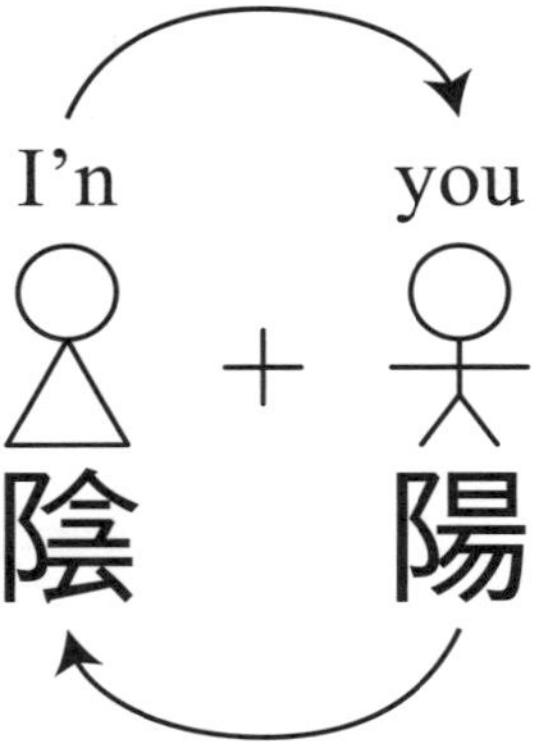

ではここで、基本の読み解きの理解をかねて、名前をカタカムナで読み解いてみましょう。第1章以降で、地名や神様のお名前や事象を読み解くことがありますが、詳

細を示していないところもあります。それは、さまざまな直感やシンクロニシティなどが重なってわかったことも多いので、一様に文章で記すことが難しい面もあるためです。ただ、基本の読み解きを理解しておいていただければ、私たちがどのような手法で理解しているかはお感じになっていただけると思います。

まず、一緒に旅をすることになった越智啓子先生のお名前から始めましょう。氏名《しめい》はその人の使命《しめい》を表しています。というのは、カタカムナでは同音意義語の思念は共通するというルールがあるからです。

オチケイコ

【思念】奥深く（オ）の凝縮（チ）から、（光の）放出（ケ）が伝わり（イ）、転がり出る（コ）。これは球体の凝縮された一点（中心）から光が外に放出されて世を照らすという意味になりますので、まさに天照《アマテラス》の働きを行う人です

【数霊】40（オ）＋27（チ）＋35（ケ）＋5（イ）＋16（コ）＝123

この数霊は、「ヒフミ」の言霊によってそれを行う人であることを示します。

そして一緒にカタカムナ学校を立ち上げてくださった先生のご主人の伊地《いち》ヨンさんは、

イチヨン

【思念】イチヨンは文字通り1＋4＝14を表し、カタカムナの「ナ」（核）を表します。伝わる凝縮がまったく新しくなる（現象化を起こす人）

【数霊】5（イ）＋27（チ）＋4（ヨ）＋48（ン）＝84
8＋4＝12＝3（光・実体）

合計の84は48（ンは外に押し出す）の逆数で意味も逆になり、「中に入る」人となります。また母・チカラ・決意（すべて84）を現象に表し、12はそこに留まり自分の中に圧力を強めてエネルギーを巻き起こす人といえます。最後に12を一ケタにすると3になります。これは実体、光を意味します。

それから、お2人が住んでいらっしゃる場所と建物を見てみましょう。

◎住所：〒904-0417 沖縄県国頭郡《くにがみ》恩納村《おんなそん》字真栄田《まえだ》2219

オンナソン

【思念】オンナ＝女、ソン＝外れる
女から外れるモノという意味が読み取れ、新しい命を表します。また恩は、

【破字】口＋大＋心↓空間が大きくなるココロ

【数霊】40（オ）＋48（ン）＋14（ナ）＋30（ソ）＋48（ン）＝180

空間が大きくなるココロ、その思いとは感謝（＝恩）です。その感謝の思いを納める村とは、感謝の思いから生まれて「外れてくるモノ」という意味になります。つまり、「ありがとう」という言葉ですね。こういう文字から直感で読み解くこともあります。すばらしい場所ですね！

数霊１８０は、命そのモノを表します。

マエダ

【思念】受容（マ）から（エ）離れる（ダ）

「真（まこと）」が「栄」えて、「田」＝空間を統合している場所を表し、恩納村から出た命のエネルギーがこの岬から、エネルギーとして出て行く場所です

テンノ・マイ

【思念】天から入ってくる渦

【数霊】77＋11＝88

77（カタカムナ）の11（今）は、88（永遠循環）を生みます。88は母とも読めますね。

ウミノ・マイ

【思念】外へと生み出す渦

【数霊】42＋11＝53

（42）引き合う、（11）今で、フトマニ＝カタカムナを作り、それが（53）伝わる実体です（母から子供が伝わる実体として生まれてきましたね）。

天の舞と海の舞の2つで創造の御柱《みはしら》の逆渦を表していますね。両方を足すと、88＋53＝１４１（カタカムナの根源から出る）です。１４１は「金龍」と同じ数霊でもあります。

お2人の住む天の舞は12角形、海の舞は16角形の建物で、２つの逆渦があり、それがカタカムナの形になっています。天の舞は、そのままブラックホールを意味していますし、もうひとつの建物、海の舞は生み出すところ、つまりホワイトホールのことです。そこには癒しと創造があります。お２人のお名前と建物の名前、住所等をカタカムナで読み解くと、まさにお２人で癒しと創造をカタカムナを使って現象化されていく人生なのだなと思います。

２０１６年の3月、海の舞の竣工式に招かれて行ったとき、私はそのことに気がつきました。そして２０１８年4月14日には、カタカムナをもっと広めるために、伊地ヨン、越智啓子夫妻の発案で、カタカムナ学校と研究会を発足しました。

君が代は、地球の平和を祈る歌

【越智】こうして見ると、私がカタカムナに出会って熱心に研究したいと思うのは当然であり必然だったのですね。

信子先生との出会いは、2015年に沖縄で信子先生のセミナーを主催してくださった方が、私を絶対に呼ばなければと思って声をかけてくれたことでした。私もカタカムナについては20年以上も前に、私の守護天使のさくらちゃんから学びなさいと言われていて、ずっと気になっていました。信子先生のカタカムナセミナーは、2013年から神戸のサラ・シャンティで始まったことを知りました。

沖縄セミナーには、主人のヨンもめずらしく参加したいと言って一緒に行ったのですが、そこで「君が代」の解説に出会って、とても感動したことをおぼえています。主人は会社の新年会と新入社員歓迎のときにいつも日の丸を掲げ、君が代を歌っていたのですが、カタカムナで読み解いたその本当の意味を知って感激していました。

【吉野】勘合貿易が行われた１４００年代の沖縄の船に、日の丸が掲げられていたことがわかっています。その日の丸が日本の国旗になったとも言われます。そういうことをお２人は何か無意識のうちにも感じていらっしゃったのでしょう。もともと日の丸と君が代に愛着を感じていらしたのですから。

【越智】今は国歌である「君が代」は、かつて沖縄の久米島で歌われていた神歌につながりがあったというお話も感動しました。石垣島でカタカムナセミナーが行われたときに私たちも行きましたが、吉野先生の「君が代」の歌詞の読み解きを聞いた地元の小学校の先生が驚きのあまりひっくり返っていましたね。

【吉野】『邪馬台国総合説　赤椀《あかわん》の世直し』という本を書いた名《な》護博《ごひろし》先生は、「おもろそうし（心を込めて思う）」という神歌の中に、「君が代、神が代」という対句があって、日本の国歌はそこからきているとおっしゃっています。

「君が代」の意味は後で読み解きますが、それは地球の平和を祈るという意味になります。命を育むためにこの地球はできましたが、「君が代」はその母の心を歌ったものなのです。子供の命を育み、子供を思う母の心よ永遠なれと歌っています。君と言うのは天皇だと思われていますが、もともとは女性への呼びかけとして男性が女性に使う言葉で、一般的に男の人には使いません。君主と言いますが、それは女性の夫という意味です。そして沖縄は母系社会でした。

神武天皇の3代前、ニニギノミコトの奥さまはコノハナサクヤヒメです。コノハナサクヤヒメの本名はカムアタツヒメと言い、薩摩半島の阿多というところにいらっしゃった姫ですが、私は琉球出身だと考えています。そしてその子供の山彦の奥さまは、トヨタマヒメという南洋の島から来たお姫さまですが、それも琉球から来た姫のことでしょう。3代目のウガヤフキアエズノミコトの奥さまはタマヨリヒメと言って、トヨタマヒメの妹と言われています。神武天皇の奥さまアイラツヒメも海彦に代表される海洋民族から来た方なので、神武天皇までのお妃はみな海洋民族（祖先は琉球方面）から来ていると考えられるのです。

そのお妃たちを、日本のお母さんのように思い、平和になれという思いを込めて「君が代」は作られたのではないでしょうか。

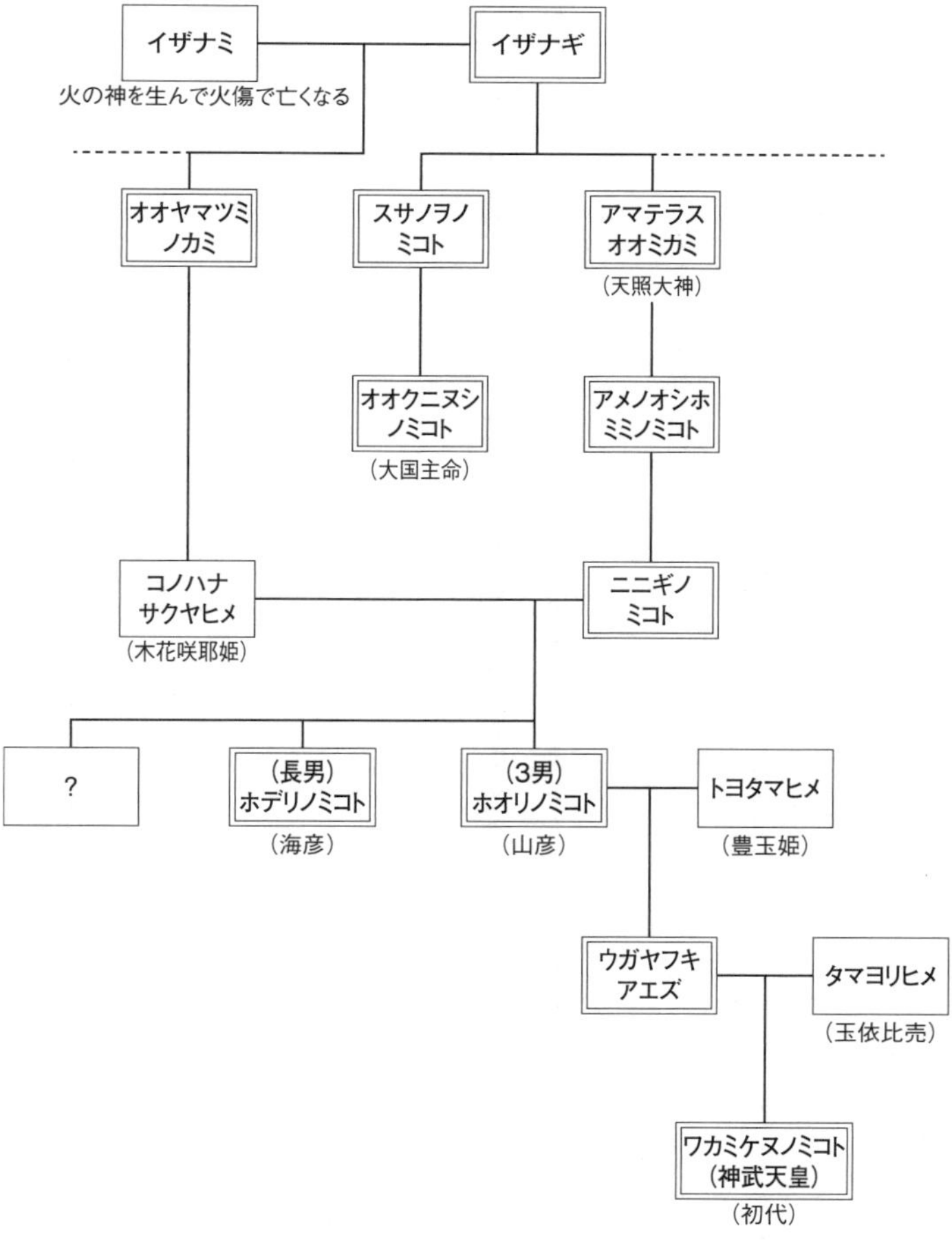
イザナミ
火の神を生んで火傷で亡くなる
イザナギ
オオヤマツミノカミ
スサノヲノミコト
アマテラスオオミカミ
（天照大神）
オオクニヌシノミコト
（大国主命）
アメノオシホミミノミコト
コノハナサクヤヒメ
（木花咲耶姫）
ニニギノミコト
？
（長男）ホデリノミコト
（海彦）
（3男）ホオリノミコト
（山彦）
トヨタマヒメ
（豊玉姫）
ウガヤフキアエズ
タマヨリヒメ
（玉依比売）
ワカミケヌノミコト（神武天皇）
（初代）

久高島《くだかじま》の中の御嶽《うたき》（沖縄・奄美地方で神社に相当する聖地）に供えてあるのは万年貝、千年貝ですが、それを千代に八千代にと言っています。そのほかにもいろんな島の御嶽に万年貝、千年貝が供えられているのはみんな「君が代」からきていると名護先生はおっしゃっています。ですからそこにあるのは「天皇のお母さまの御代《みよ》よ、永遠なれ」という思いです。

思いと行動、そして言霊を等しくする生き方

【越智】日本語もカタカムナからきていると思われますが、この超直観科学の元の元が琉球と関わっていると思います。琉球は地球の中心でありヘソだと私は感じていましたが、そのことをカタカムナを学ぶ中で再確認できました。これまでカタカムナは六甲山中に封印されていましたが、今はそれが開く時期にきているようです。封印がとけて世に出るのは、まさに今ですね。

【吉野】啓子先生は多くのインスピレーションを宇宙から得ていらっしゃいますが、御主人の伊地ヨンさんに出会ってそれが加速しているようですね。出会いは人を進化させます。天の舞、海の舞という2つの渦のある場所に住んでいらっしゃるというのもすごいことですね。天皇とは創造御柱の中央にお座わりになる方のことを言いますが、まさにその場を具現化したようなお住まいですね。

天皇というのは、心と行動が言霊と同じ人のことを言うのだと思います。そこにずれがない人の言葉には心を打たれますし、真実だとみんなが思います。力や権力ではなく、言霊の力を使うのです。私たちはこれから一人一人が洗練された真から発する言霊を使う人にならければいけませんし、心の天皇と皇后になるべきなのです。

自分の中にミコトという命がそれぞれあり、その中に天皇がお座りになる高御座《たかみくら》と同じものを持っています。そこから命が発しているということを強調したものを、天皇制というかたちで見せてもらっているのです。

【越智】天の舞、海の舞が建つこの場所は、我を忘れるかのようにスピンして舞う人しか住めないと、ユタ（沖縄や奄美のシャーマン）の方に言われました。「スピン、スピン、スピン、スピン、宇宙はスピン！　回れ、回れ、銀河のように！」と、エネルギーを回せばいいのです。

講話会の瞑想中に私はみなさんの天使の輪っかを皿回しのように回しています。昔、過去生で中国時代に大道芸人だった頃の手腕が今生かされています（笑）。「人生いっさい無駄なし」「才能は過去生での体験」です。

【吉野】 究極の武器は笑いです。岩戸を開いたのも笑いですね。啓子先生という笑いの天使がここにいてくださっています。

【越智】 海の舞を造るときにはカタカムナを夢中で勉強していましたので、中心のイルカホールを16角形にし、両側の和室と海カフェが8角形になっています。庭に陰陽の花壇を造りました。和室の照明はフトマニ図象にしたりと、あちらこちらがカタカムナの空間になっています。天の舞を作るときにはまだカタカムナに出会っていなかったので12角形ですが、私は水の結晶が好きなのでH_2Oの形になっています。勾玉のミクマリですね。ミクマリというのは水分子ですが、それもパワフルなパイウォーターの１１４度の角度に自然となっていました。

私は46歳で沖縄に住むと言ったときは、みんなに反対されましたが、その衝動行為がなかったら主人には出会えなかったし、カタカムナにも出会えませんでした。自分の直感に従って本当によかったです。

私がカタカムナが好きなのは、それが超直観科学だからです。やはり感じることが大切ですね。私はそのためにウタヒ80首を絵で表現したいと頑張って描いています。12首まで描けたので来年のカレンダーができました。次は31首まで描いて、日めくりに挑戦です。

【吉野】私の役割は読み解きですが、カタカムナで読み解きをすれば、すべての本質がわかります。言葉を読み解くことで世界の真実を読み解くことができるのですから……。さあ、次は何を読み解きましょうか。

それでは旅に出ることにいたしましょう。堅苦しく考えず、楽しみながら、驚きながらお付き合いください。

第1章

CHAPTER ONE

地球の中心を訪ねる

【沖縄編】

琉球は陰陽のエネルギーを表す重要な場所

【吉野】では早速、琉球から始めましょう。琉球は流れる球という意味です。どちらの字にも王がついていますね。「王」は、カタカムナでは重要なキーワードです。

球（9）という字も重要です。なぜなら球体には、三種の神器のミクマリ（勾玉）の話で見たように、あらゆる真実が秘められているからです。球体のひとつの側面を理解するために、リンゴの皮を途切れさせずにむいてみると、つながった皮は上下に数字の9と6の字になります（口絵の隼人の盾参照）。球体は9と6でできていることがわかります。6は中に入るエネルギーを表し、9は外に出る、つまり2つで陰陽のエネルギーを表しています。じつは、これが空（9）と無（6）の概念です。また球体◯は、「大きな輪＝沖縄（おきなわ）」ともとらえられます。

では、琉球をカタカムナで読み解いてみます。

リュウキュウ

【思念】離れて、湧き出て生まれる、エネルギーが湧き出て生まれ出る示し

【数霊】64（＝八咫鏡）＋85（＝アマテラス）＝１４９（カタカムナ発信放射）

離れたモノが、湧き出て生まれる、エネルギーが湧き出て生まれ出る示しというのは電気の雷のようなエネルギーのやりとりを表現しています。十と一が離れていると十から一へとエネルギーが湧き出ます。これが龍のエネルギーです。それは、まさにカタカムナそのものを表しています。

数霊をみてもびっくりです。64で八咫鏡、85でアマテラス、やはり琉球とは太陽神の始まりです。合計数は「カタカムナ（14の核）の発信放射」と読み解けますね。

大石林山《だいせきりんざん》は琉球一の聖山

【越智】 沖縄本島最北端、辺戸岬《へどみさき》の手前に位置する大石林山のある地帯は、アシムイ（安須杜）と呼ばれる沖縄一の聖地です。琉球王府の正史『中山世鑑《ちゅうざんせいかん》』には、太陽から来たアマミキヨという女神が最初に降り立った地と記され、琉球王国時代には王家の繁栄、五穀豊穣、航海安全をこの地で祈ったとされています。「アシ」とは琉球の古語で長老を意味しています。

癒しのパワーが強いカルサイトの鉱脈でできているここには、今も40カ所以上の御《う》拝所《がんじゅ》があり、神人《かみんちゅ》の祈りが捧げられています。2億年前の石灰岩が隆起し、長い歳月をかけて浸食されてできた4連の岩山の全景は、観音様の横顔になっていて、顎、鼻、目が確認されます。

天の舞ができた2010年から私も通うようになりました。アシムイの山には40分ほどで登れますが、結構切り立っているのでロープ伝いで登ります。頂上からは36

知る人ぞ知るパワースポット大石林山

０度海が見渡せて、そこにある拝み場所には宇宙神が祀られています。さすがカタカムナの発祥らしく、宇宙を思うというところがすごいと思います。そのアシムイ岬には御天卯之大神（ウティン・ウノ・オオカミ）、太陽神が祀られています。

大石林山は知る人ぞ知るパワースポットでもあり、ここを守る喜瀬《きせ》所長がガイドをされるスピリチュアル・ツアーもあります。私はここを「大好き林山！」と言っています。ダイスキリンザン、語呂がいいでしょう？

ここはアシムイの山とセットで、天上界と地上界をつなぐところです。ですからこの地を訪れると、自分の中の根源の光の奥にある無限に広がる世界に一瞬にしてつながります。

ダイセキリンザン

【数霊】 120（ゼロ空間そのもの）

アシムイ

【思念】 感じる命の示しの広がりが、伝えるモノ＝59（ふるさと：カタカムナの中心に入ってくるもの）

ウティン・ウノオオカミ

【数霊】 81（光満つ）＋147（核の調和）＝2・28（振動する神）天照大御神と同じ。言霊の神のこと

ここは琉球の開闢《かいびゃく》地です。よく沖縄の人はアシムイについてこんなことを言います。

「いちばんニライカナイに近い場所が久高島、そしていちばん神々に近い場所がアシムイ」と。神々にまつわる神話が色濃く残っています。大石林山を知る前は久高島によく通っていました。今は「大好き林山」と呼ぶほどアシムイにはまっています。天の舞ができてから活動の場が変わりました。

生態系の頂点にいるのはオオカミ

【吉野】瑠璃《るり》さんというインスピレーションで絵を描かれる人がいるのですが、その瑠璃さんがまさにここを思わせる絵を描いています。それは山頂の岩を積み上げたところに白いドレスを着た姫と白い狼が並んで立っていて、空には虹色の大きな宝船がこちらに向かって飛んでいるというものですが、その船にはなんと十六弁菊花紋、八咫鏡、金鳥が乗っています（口絵参照）。

その絵を見たとき、私は釘付けになりました。そしてこの描かれている場所はいったいどこだろうと考えていたときに、「のぶちゃん、ここに行ったのよ！」と、啓子先生からアシムイの山に登ったときの御天卯之大神の写真が送られてきたのです。それが瑠璃さんの絵と同じだったので、びっくりしました。

啓子先生はいつも関係のある情報を私にもたらしてくださるのです。私が「何だろう？」と思うと、「はい、のぶちゃん」と、その情報を渡してくれます。いつもこんなふうにつながっています。つながっていないと読み解けないようになっているのかもしれません。

絵の姫は白山比咩《しらやまひめ》だと思いました。ではどうしてそこに狼が一緒にいるのだろうと思ったとき、オオカミというのは大神のことだということに気づきました。言霊の法則でいえば、同音語の意味は一緒です。それでオオカミの習性を調べてみると、オオカミは生態系の頂点にいて、そこに存在することで秩序ができてきて循環していくということがわかりました。

アメリカのイエローストーン国立公園が荒れてしまったとき、オオカミの一家をそこに導入したら、森や川をはじめ自然が蘇ったという話があります。オオカミによって動植物の生態系が整い、わずか20年ほどで自然環境が劇的に改善しました。オオカミはそういう秩序をもたらす力を持っているのです。まさに大神ですね。そういう意味で彼らはオオカミと名付けられているということがわかりました。

そこでオオカミを神にしている神社はないのかと調べると秩父の三峯《みつみね》神社がそうでした。そのオオカミは、大口真神《おおぐちまがみ》といいます。真《まこと》すなわちマ（0）コ（9）ト（10）という、プラスとマイナスの目が引き合うところの口の大神ということがわかりました。オオカミを祀っている神社はほかにもいくつかありますので、ぜひ探して訪ねてみてはいかがでしょうか。

以前、啓子先生と昭和天皇の武蔵野陵をお掃除に行ったときのことです。

行きがけに鈴が、帰りがけに切符が落ちていました。鈴は三峯神社のもので、その御神体を調べたらなんと大口真神でした。その神社を創建したのはヤマトタケルノミコトです。

また切符は高尾山行きのものでしたので、ロープウェイで高尾山に登ってみました。東京の街が一望でき、高尾山は東京を守護する神の山だと感じました。途中にスサノヲの神社があったので、そこでお参りをしました。スサノヲはカタカムナの神とも言えます。

三貴子（ミハシラノウズノミコ）は、3つの中のひとつ目を引き合う子供たちという意味があり、左目から入ったのがアマテラスオオミカミで、右目から入ったのがツクヨミノミコト、鼻から出てきたのがスサノヲです。鼻（ハ・ナ）というのは、引き合う核です。そこから放出するエネルギーがスサノヲなのだと思います。それは言霊のパワーでもあります。その構造がカタカムナを表しているので、スサノヲ＝カタカムナととらえられるのです。

このようにオオカミについて思いをめぐらせているとさまざまなヒントのようなものが次々とやってきて、理解が深っていきます。

羊が表しているのは何か？

【吉野】白山比咩大神は、白山（百から一を引いたもの）で99のククリヒメですが、比咩の「比」は、思念で次々と根元へと入ることを表し、「咩」は口に入る羊と書きますから、白山比咩大神は、「次々と根源へと入る口に羊を食べる大神」というふうにとらえることができます。

羊を食べるのはオオカミです。羊はもともと日本にはいませんから、これは羊を放牧している大陸の民族、ユダヤのことを示しているものと思われます。「私は子羊」と言った人はキリストです。そして「美《うつく》」しいという字も羊が大きいと書きますね。これは空と草原しかないところで、大きく丸々と太った羊を美しいと感じる人たちの表現でしょう。

少し専門的な話になってしまいますが、99とは九九算表のことで、中心の穴（トーラスの穴）に入る生命（死と再生）であり、また中心の穴は生命をリセットし、新しい生命を生み出す子宮のことを指しています。ここが心であり、今であり、すべてのものが入ってくるところという意味です。カタカムナで捉えるところの⊕です。死ぬとその穴に戻り、再生されてまた出てくるところなので、子宮みたいなところです。まさに大口真神（オオカミ）です。

やはりここでも、自然界の「オオカミ」と同じように、生態系の頂点に立つのが

「大神」だと確認できる流れとなりました。

オオカミの遠吠えが大地を鎮める

【吉野】今も神道では、地鎮祭などの御神事をするときに「ウォーーー！」と低い声を出しますね。あれはオオカミの吠え声を御神事に使っているのだと思います。

【越智】天の舞や海の舞の地鎮祭でも、護国神社の宮司さんがオオカミの遠吠えをされて神を降ろされてびっくりしました。その意味がカタカムナでわかって、やっと謎が解けました。

【吉野】神道ではこのような真理を御神事の中に取り入れていることがたくさんあります。

御嶽山もオオカミを祀っていますが、神社内の嶽という字をよく見ると、「山の犭（獣）が言う、私は犬だと」と読めます。山犬とは狼のことですね。

オオカミは生態系の秩序を守るために夜、遠吠えをします。そうすると、寝静まっているすべての生き物たちに、ここにオオカミが存在しているということが周知され、その結果、秩序が保たれたのです。今も神社や地鎮祭などで低いうなり声はよく使われますが、それは大地の大神を鎮めるためです。

九州南部に住んでいた隼人族は他の姿で描かれています。彼らは穴ぐらに住んでいました。そして地球の中心から発せられる音を聞き分けていました。とくに日本のように噴火や地震が多い地域では、常に地球の中心から出てくる震動を聞き、地中から上がってくるようなエネルギーがあるときは、それを鎮めるようなエネルギーを出していたと思われます。そのようにして地球と交信交流しながら彼らは共存していたのです。本当は地球の中心の音も、オオカミの声も同じ周波数なのかもしれません。

琉球（球体）のオオカミに仕えるハヤブサ（隼）

【吉野】宮古島空港は「サシバ」という隼《はやぶさ》に似た鳥の形をしていますし、天然記念物の冠ワシは、日本では石垣島の八重山諸島にしか生息しません。猛禽類のふるさとですね。南九州に住んでいた隼人たちは隼の人と呼ばれ、大神に仕える人たちでした。彼らの故郷は琉球方面だったと思われます。隼の習性は、時速３９０キロという速度で急降下して獲物をけり落とすことです。

ハヤブサ

【数霊】 83　離れる実体
【被字】 隼→隹（進む・集まる）＋（統合）　進む統合

急降下して獲物をけり落とすことからわかるように、隼は太陽（地中の天照大神）

の中心に突き落とそうとする力を表わしています。私たちは球体の中心に引っ張られる力、引力で結ばれていますが、ここにつながれという力です。古代からそうした中心の力のことを太陽と隼で表していました。

このハヤブサはエジプトでは神になっています。エジプトのラー神は、ハヤブサの頭を持ち、その上に太陽を抱いています。また「ホルスの目」で有名なホルスは、隼の頭をもち、太陽と月の両目を持つ男性神です。エジプトの神々の中でもっとも古く、もっとも偉大で、もっとも多様化した神と言われています。また、初期はハヤブサそのものの姿だったとも言われています。

こうしたエジプト神話は、隼人と同じことを表現しています。ということは、これは日本神話にルーツがあると考えられます。エジプトの起源は5000年前、日本の縄文は1万年以上前とされていますから、その起源は日本の方がずっと古いのです。

アシムイ岬の大神から話は広がりましたが、ここは沖縄の最北端に位置していますから、東洋と西洋が出会う先端になっていて、西洋文明を受け入れる入口だったと思われるのです。

ウティン・ウノ・オオカミは太陽神であり天照大御神

【越智】 御天卯之大神（ウティン・ウノ・オオカミ）は太陽神で、アマテラスのことですね。同じ地に宇宙の大神様、宇宙神があり、その隣には白い御天親加那志（ウティン・ウヤガナシ）があります。ウティンは「天の帝」という意味だそうです。その左には鏡番（カガミバン）があり、白龍が入ってくる白龍池があります。

ウティン・ウノ・オオカミ

【思念】 生まれる発信放射を大きく伝える
生まれ出るものが奥深く奥深くにあるチカラの実体

【吉野】 御天卯之大神の卯は、十二支でいえば寅（統合する場）の次になり、卯に2つの点点（精子）を入れると卵（有精卵）になります。ですから、生み出すものという意味になります。またウとは宇宙の宇でもあります。ウティン・ウノ・オオカミの思念を読み解くと、ここには天帝、アマテラスオオミカミがいることがわかりますね。そして鏡番というのは、ここに八咫鏡があり、その鏡番がいることを表しています。番というのは封印している人のことですから、ここにアマテラスが封印され、鎮まっていることが考えられます。この場所は、アマテラスを内に秘め生まれ出ることを待っている胎児がいる場所を表わしていますね。

御天親加那志とは、大きくなった胎児を外に押し出す核（子宮）のチカラ、陣痛のことです。

それはギュッと逆渦の締めつけられる思いですが、この耐えている思いというのがまた喜びを作っています。そのために、ここは悲しい、悲しみを持っているといいます。だからウヤガナシというのですね。子を生み出す親（核）は、一体となっている抱いた子を手離し産み出すことは、ある意味悲しいのです。それを愛と言ってもよいでしょう。

真ん中に苦しみがあり、それを乗り越えると逆転して、今度はまわりを幸せにします。ギュッと凝縮するところと、解放するところが順番にならないと循環しません。

緩んだり緊張したり、緩んだり緊張したり、真ん中の緊張（＝キンチョウサン金鳥山）からカタカムナが出たのです。

冗談のように聞こえるかもしれませんが、同じ音は同じ振動数を持つため共通した思念を持っていますから、真実です。

カタカムナの世界観から考えると、球体の中心には天照大御神という太陽神がいて、私たちの命の球体の中心にも同じように太陽神の天照大神が隠れています。それを開き、表すことで、すべての思いを叶える力、自分の神の力が出てきます。

その神のことをここではウティンという神で表現しているのでしょう。ふだんは神の力が出ないように封印されていますが、その思いがいっぱいになったとき、内側の言霊のエネルギーで、神の力が開いて出てきます。

すべての物事の本質、そして神の住むところは真ん中です。

沖縄の人は沖縄のことをウチナーと呼んでいますが、それは内側のナ（核）を示していて、その言葉はまさにカタカムナの考え方と同じです。内側の核が根源であると見ているのです。

【越智】聖なる山にも、ウチナーにも、太陽神が降りてくるのですね。

【吉野】大口真神のことを言いましたが、大口真神というのはすべてのものを受け入れるトーラスの穴のことです。このオオカミは生死を受け入れる神です。オオカミ（大神）が生命を食べて、それを光に再生すると、オオミカミ（大御神）になるのです。オオカミ（大神）の数霊は108ですが、そこに3（光）が加わって111になると、オオミカミ（大御神という光）になります。

そして閉じる神、閉門が大神であり、開ける神、開門が大御神です。

大晦日の夜に108回鐘を撞《つ》きますが、それは1年の終わり、閉門の意味です。1月11日の鏡開きで開門（111）します。大神と書いてオオミカミと読んだり、大御神と書いたりするのは適当にやっているのではないのです。スサノオとスサノヲ、姫と比命など、文字が違えば違う役割を表わしていると考えたほうがいいでしょう。

陰と陽、表と裏がひとつになって新しいものになる

[越智] 最初からいきなり深い感動的な話になりました。

[吉野] そうなのです。言葉と数字と形を読み解くと、その本質がわかるのです。豊受大神というのは何かということを考えるとき、「豊」という字を分解してみるとわかります。どう読めますか。曲がった、豆でしょう。

[越智] まがたまですか?

[吉野] そうなんです。曲がった玉、勾玉を受ける神、それが豊受大神だというふうに読み解けます。曲った玉を受け入れる方も、じつは曲った玉でないと球体になりません。言葉を読み解くこと、恐るべし、です。

トヨウケ

【思念】統合する（ト）陽を受け（ヨ）、生み出し（ウ）放出する（ケ）神

いっぽう、太陽神の天照大神は陽であり、表の神ですから豊受大神と一緒になることで、大御神になります。この2つがつながらないと大御神にはなりません。先ほどお伝えしたオオカミ（108）に光（3）が加わるとオオミカミ（111）になるという考え方です。伊勢神宮では、毎日2回、豊受大神《とようけのおおかみ》（外宮）から天照大神《あまてらすおおかみ》（内宮）に「御饌《みけ》」と呼ばれる食事を絶えることなく運んでいます。これは、ミ（3）の放出（ケ）により大神から大御神に変わるためのエネルギーの循環を行なう儀式なのではないかと思われます。

カタカムナウタヒ21首には、「イマトハ　ヒトワ　ミコ　ニホ　ヤホ」とあります。今というのはひとつの輪であり、このひとつの輪から実が転がり入って陰の形になり、圧力を受けて引き離され、反転して裏返るという意味ですが、これは今が反転して次々と新しい今になることを表しています。この裏表が豊受大神と天照大神で、それ

が3（光）を放出することで入れ替わっていきます。

さらに太陽神とは、豊受大神と天照大御神がセットになることで、裏と表が覚醒して反転し、新たなものを生み出す「ゼロの神」です。

そのアマテラスは反転するので男性と女性が一体であり雌雄同体です。だから女性として描かれたり、男性と言われたりするのですね。

【越智】宇宙には雌雄同体が多いのです。天使も両性ですし、太陽系で金星と火星があまりに戦いすぎてその結果、地球では男と女に分かれたとも言われています。本来の宇宙のあり方は雌雄同体なのかもしれませんね。

【吉野】先日、奈良の吉野に行った際に聞いたのですが、なぜ修行者がホラ貝を吹くかというと、ホラ貝の巻き貝というのは雌雄同体なのですって。排卵するまでは女性ですが、排卵後は男性に変わるそうです。だからそれを吹くことで循環が始まるという合図なのでしょう。人間も本来は一緒だと言っていました。

【越智】　たくさんある御願所では、そこの岩に額をつけると松果体がつながりますから、そこで名前と住所と生年月日、干支を心の中で唱えることで、神様に登録されると言われています。ぜひやってみてください。

寝たきりだったおばあちゃんが、「アシムイに行け、アシムイに行け」という声を聞き、アシムイとはどこだろうと思ったらそれは大石林山だということがわかり、そこへ連れていってもらったら元気になって、今ではスタスタ歩けるようになったという話もありますよ。

古宇利島《こうりじま》はアダムとイブの島

【越智】　大石林山に行く途中、海の青さが際立つ中、橋を渡ると古宇利島はあります。この美しい古宇利島には沖縄版のアダムとイブ伝説があります。

昔、古宇利島に空から男女2人の子供が降ってきたそうです。彼らは裸で、毎日空から落ちてくる餅を食べて幸福に暮らしていました。最初はそのことに疑問を抱かなかったのですが、ある日、餅が降らなくなったらどうしよう、という疑念をもち、それから毎日少しずつ食べ残すようになりました。

ところが2人が貯えを始めたときから餅は降らなくなりました。2人が天の月に向かい声をからして歌っても、餅は2度と降ってくることはありませんでした。そこで2人は浜で生活をするようになり、魚や貝を捕って生活と労働の苦しみを知るようになりました。

そして、ジュゴンの交尾を見ると今度は男女の違いを意識し、恥部をクバの葉で隠すようになりました。この2人の子孫が増え、琉球人の祖となったという伝説です。

古宇利島にはハート岩があり、恋人を求めている人たちには人気のスポットです。海辺へ降りると、足を海水に浸けて禊《みそぎ》もできますし、もちろん泳ぐこともできます。また大潮のときに潮が引くと入れる洞窟があって、そこには神秘的な赤紫色の岩があり、ユタさんたちはよく御神事をされています。一度参加して感動しました。

コウリ・ジマ
【思念】転がり入って生まれ出るモノが離れる、内なる示しの受容（命が誕生したこと）
【数霊】43（うつる）－17（統合物が離れたモノ）＝26（母から）わかれたモノ（＝子）

古宇利島の数霊は26ですから、その意味は「分かれる」。まさにアダムとイブ伝説のようにエデンの園を追放されたのですね。また子供を授かって、生まれて離れるという意味にぴったりです。またこの土地自体が島だから離れているのですが、何かを生み出して、何かが離れるところなのですね。

蓄えたり、所有欲が出てきたときに、食べものが天から降らなくなって、労働しなければならなくなったというお話はとても象徴的です。

読者の方は、ここにある貝の博物館（シェルミュージアム）に行く機会がありましたら、貨幣に使われたタカラ貝と、装身用に使われたゴホウラ貝に注目してみてください。タカラ貝は女性の性器に似ており、ゴホウラ貝は胎児が宿った子宮の形に似ています。遺跡から発掘された多くの古代人の腕にはゴホウラ貝で作られた腕輪がはめられていました。アクセサリーが大好きなので気になります。

ゴホウラ

【思念】転がり出て、引き離されるモノが、生まれ出る場（子宮）

【数霊】−16＋47＋19＋31＝81　生命を入れるモノ（子宮）

また、玉城《たまぐすく》という沖縄第2の聖地の石門は、このゴホウラの貝の形をしており、敷地もゴホウラの貝の形に作られています。命が宿るところという意味があるので聖地なのですね。

玉城は、琉球の魂

【越智】２０１８年の1月11日に信子先生の発案で、玉城に行きました。別名「アマツヅグスク」とも呼ばれていますが、琉球開闢神アマミキヨが築いた沖縄でもっとも古いグスク（城）とも言われています。また東御廻り《アガリウマーイ》の順拝地のひとつであり、城跡内にある「天《あま》つぎあまつぎの御嶽《うたき》」は、琉球七御嶽のひとつです。

６月の夏至の日には、海から上がってきた太陽がちょうどここをまっすぐ通ります。そうするとものすごくきれいな光が入って、御拝所を照らし出します。

タマ・グスク

【思念】分かれた受容（陰陽＝生命）が、引き寄り、外へと進んで向こう側へ引き寄るトコロ

【数霊】32＋21＝53（伝わる実体・生命が生まれるトコロ）

【吉野】前年の1月11日は伊勢へ行っていましたので、2018年のこの日は琉球の聖地である玉城に行きました。先ほどの貝の話にも出ましたが、ここは石門がゴホウラ貝の形になっていて、夏至の太陽がここに射し込むように設計されていますし、敷地自体もゴホウラ貝の形になっています。このゴホウラ貝は子宮に着床した胎児の形をしていることから、琉球は生命至上主義の文明だったことがわかります。

【越智】沖縄の人は薩摩への反発が少しあります。沖縄は薩摩に征服され、支配されたと伝えられてきたからです。世界の中心の、統合の中心になるところが、そういう思いを少しでも抱いているのはよくないと信子先生は思い、知覧《ちらん》の特攻隊の若者たちが書いた遺書や隼人の鉢巻や写真を持っていって、そこに供えて一緒に祈りましたね。

そのとき駐車場でばったり再会したお2人も加わって合計7人で一緒に祈ることになりました。すると1人の女性が神がかって、琉球王朝の王様の太い声になり、「今まで絶対に許さないと思っていたが、わしが悪かった。大和を許す~!」と、力強い許しの言霊が飛び出したのです。

それに感動して私たちももらい泣きしました。ずっと薩摩に支配されてきたという沖縄の思いがほどけて、すばらしい許しの儀式になりました。許し合うということから世界平和は始まるのですね。

【吉野】私は世界平和を祈りたいと思ってそこに行ったのですが、たまたまそういうことになってびっくりしましたね。カタカムナからみると、琉球と薩摩の関係はとても大切なので、すばらしい和解の祈りができて感無量でした。

祈りのためのグッズのひとつとして、青森の三内丸山遺跡で見つかった５５００年前の十字架の土偶のレプリカを置いていたのですが、祈りが終わったら、その土偶の首がパカンと割れていました。玉城に来る前に隼人の洞窟でもそれを置いて１時間ほど祈ってきたのです。それも、隼人と琉球をつながなければ世界が平和にならないという思いからでした。

土偶が割れたというのは、願いが届いたという意味だと思います。だからほとんどの土偶は割れて出土されます。また中は空間になっています。空洞の中には「９」のエネルギーしか入らないのですが、祈りで統合して「十」になると割れる仕組みがあるのかも知れません。なぜなら「ドグウ」の数霊はマイナス9、つまり9（球）を入れるモノと読み解けるからです。

ドグウ
【思念】 統合されるモノが引き寄せられて生まれ出るモノ
【数霊】 −17−11＋19＝−9　発信放射を入れるモノ

その土偶が割れたということは、球体の中にタマが入ったということだと思います。球は魂ですから、私たちの願いが叶ったのだと思いました。

【越智】 そのとき信子先生は、「知覧の特攻隊員は沖縄の人々を守るために命を捧げてくれました」と言いました。それがやはり通じたのだと思います。その解説がなければあの王様の声は出現しませんでした。ここで古《いにしえ》の恨みがとけて、すばらしい許しの儀式になりましたね。

【吉野】私は玉城で「龍の玉を取れ」という声を聞きました。タマグスクは玉の城と書きますから、そこで琉球と隼人がひとつになることが魂に必要でした。願いが叶うためには龍は玉を持っていないとだめだったのだと思います。

【越智】イワナガヒメの祝詞《のりと》の最後に「タマカエシマセ」というのがありますが、これもつながっていますね。アマミキヨが降りてきたところがアシムイと久高島です。そして山と海で造った城が玉城。ですからアシムイ、久高島、玉城の３つが琉球聖地のメインですね。そして玉城周辺には聖地がいっぱい散在しています。

【吉野】玉城の郵便番号は９０１－１４００です。球そのものです。琉球の球そのものが根源から出るカタカムナと読み解けます。琉球は球です。だからあの場で玉（魂）を取ったのです。陽のエネルギーが次々とここから出てきて発信されます。このように住所や郵便番号は、そこの場所の意味を表しています。

沖縄平和祈念堂は高御位山《たかみくらやま》とつながっている

【越智】沖縄の南部、平和の礎の近くに、1978年に沖縄県民はじめ全国民の平和への祈りと、戦没者追悼の象徴として建てられた沖縄平和祈念堂があります。中に安置された漆が塗られた観音様は、沖縄の作家、山田真山氏が18年余の歳月をかけて原型を制作したものです。ほかにも西村計雄画伯の平和への思いを込めて制作された「戦争と平和」という感動的な美しい連作20点が堂内の壁面を飾り、敷地には佐藤忠良氏のブロンズ像「少年」をはじめ、第1線で活躍される画家から贈られた大作を展示する美術館もあります。

私はここで何度も平和の祈りをしていますが、とてもエネルギーの高い場所です。

オキナワ・ヘイワ・キネンドウ

【数霊】 90＋34＋125＝249　消失したモノが発信放射するところ

【吉野】沖縄平和祈念堂は、兵庫県高砂市にある高御位山とエネルギー的につながっていることがわかりました。ですからここは高御座《たかみくら》（天皇が座る場所）であり、天照大御神の光が発する核とも言えます。また数霊は２４９「消失したモノ（戦争で死んだ人たち）が発信放射する（光になる）ところと読めます。

そして沖縄平和祈念堂の郵便番号は９０１‐０３３３です。３３３はサンサンサン、太陽神の宝庫から出るという意味があります。９０１は球体の9が根源0から出るということですから、それは特異点と言ってまさにコンパスの針を刺すところです。そこから出る３３３というのは太陽のことですから、太陽神、アマテラスの天孫降臨してきた天皇家ともつながっています。

そうしたことがわかった経緯をお話ししますと、２０１６年2月3日の節分の日に、「あわうた」を歌われる中山博さんと兵庫の高御位山で一緒に御神事をすることになりました。そのとき中山さんがインスピレーションを得て突然絵を描きだし、それを私に手渡して「これを読み解いてください」とおっしゃったのです。

その絵が何を指すのか、そのときはわからず、ずっと考えていたのですが、沖縄の

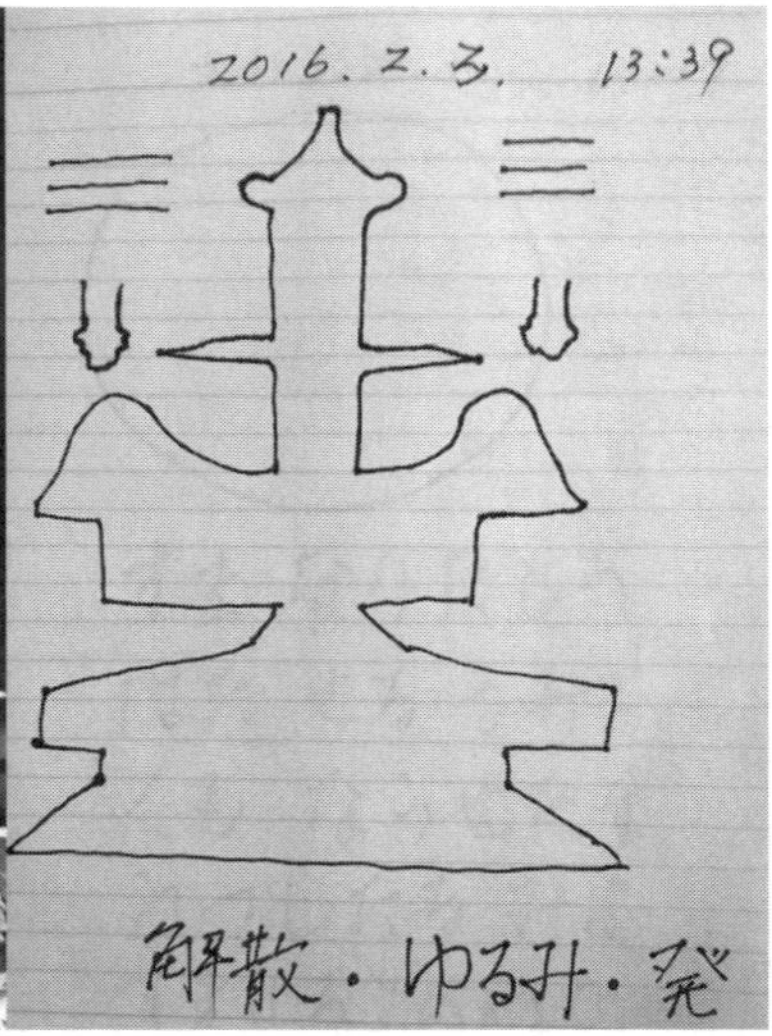

沖縄平和祈念像

この平和祈念堂に来たときに、ここがその絵に描かれていた場所だったことがわかったのです。絵の上の両側に描かれている三・三は耳であり、太陽を表わし、その下に横に出ているのは2本の手が下向きに伸びていることを示しています。

また宮古島で祈ったときも神人《かみんちゅ》さんに「沖縄の平和祈念堂に行きなさい」と言われていたのですが、そのときは何のことかわからなかったのですが、その意味が、このとき時空を超えてひとつになりました。

ここは戦時の激戦地であり、多く

の方が亡くなっているところです。そこに建てられた平和祈念堂に座す天皇の思いというのは、激戦地の真ん中で平和を祈るということでした。ここが天皇がお座りになるところであり、実際、兵庫県の高御位山とつながっています。ですから天皇は沖縄に何度も来られているのだと思います。それがわかったとき、私は泣き崩れてしまい、しばらく起き上がれませんでした。

ミーヌシンはすべてを見通す目の神

【越智】 那覇市の鏡水《かがみず》という地にあるミーヌシンで２０１7年1月11日11時11分に36名で地球の平和を祈りましたが、初めての場所だったので1月5日に下見に行きました。ミーヌシンは、那覇空港の近くの陸上自衛隊駐屯地の中にありますが、受付で名前と住所を書く手続きをすれば、誰でも中に入ることができます。かなり奥に入ると、石づくりのアーチ門と赤瓦の拝殿が見えてきます。由緒が伝えるところでは、難破船が打ち上げられて、その乗組員がここの洞窟内の水を飲んで助かったことから感謝で祀られたそうです。

ミーヌシンというのは沖縄弁で、「瞳（目ん玉）の神」という意味で、三貴子のスサノヲとつながっているところであり、また伊勢の伊雑宮《いざわのみや》とつながっているところです。カタカムナはこれを「スサノヲの瞳」だと言います。カタカムナでは目がとても大事です。下見のときも本番の1月11日でも、雲が割れて光が射して「スサノヲを舞え！」と力強い響きを感じたので、光の剣を持って舞いました。

瞳

【破字】目＋立＋里　瞳とは目に立ち上がる龍の里のこと

カガミズ

【思念】光が中に入る渦となって進むトコロ（穴）

【住所】〒901-0142 沖縄県那覇市鏡水

【吉野】鏡があるところには、必ず目があります。その中心に必ず鏡を見つめる目があるのです。鏡水と書いてカガミズと読みますから、カとガはプラスとマイナスでゼロになり（濁音は引き算）、ミズと同じ意味になります。ミズとは「光が中へと進むトロコ」となり、それは瞳という意味であり、目ん玉という意味です。

ミーヌ神の「ミ」というのは光で、「ヌ」は抜けるという意味ですから、光が突き抜ける大いなる示しとは、やはり真ん中の目玉のことを言っています。そしてまた鏡とは八咫鏡のことです。ですから、その穴に光のエネルギーを全部引き寄せて、心の振動で揺らすと言霊の剣となって突き抜けるのです。

郵便番号も読み解いてみます。

球体の（90）根元から（1）出る（0）カタカムナの（14）振動（言霊）（2）

90という数は、球体のエネルギーが集まる特異点です。三貴子（ミハシラノウズノミコ）として、アマテラス、スサノヲ、ツクヨミの3柱がひとつになった目を意味します。目の中心点は穴になっているので、思いを現象化する観点からは「心」であり、命を現象化する観点からは「子宮」になります。

瞳という字は目の童《わらべ》と書きますから、やはり目から子供（現象化した生命）が生まれるという意味になります。その中心は3つ目が重なったひとつ目です。ミーヌシンとはすべてを見通す目の神であり、それは古代エジプトのシンボルでもあるホルスの目と一緒です。

ミーヌシンは伊勢の伊雑宮《いざわのみや》とつながっています。というのは伊雑宮の近くの佐美《さみ》長《なが》神社には「鶴の穂落とし」で表される神話があり、伊雑宮の入口には、立つ鶴の「目」が掛けられています。伊雑宮の「雑」とは破字にすると、九のエネルギー（木）が進むトコロとなり、「球の中心」であり、ひとつ目と読み解け、ミーヌシンとつながっていることがわかったのです。

伊雑宮

【住所】〒517-0208 三重県志摩市磯部町上之郷374

郵便番号は517ですが、51というのは15の反対ですから、飽和の逆で、根源に入るという意味となり、ギュッと中心に入っていくということになります。7は「わ」

で、根源の「わ」はトーラスの穴のことです。そして伊雑宮は、伊勢神宮の内宮と下宮をつなぐ核になるところです。

２０１７年1月11日に約１００名の仲間と伊勢神宮で正式参拝をし、この伊雑宮で地球の平和を祈りましたが、啓子先生にはこのミーヌシンで祈り合わせをしていただきました。

【越智】そのときは、君が代とアマテラスのマントラで歌と舞を奉納してから、２人の舞姫たちが反転の舞をしました。すると雲が割れて太陽の光が射してきたときに、スサノヲのエネルギーが降りてきて、「舞え！」と力強いメッセージがありました。それで私は光の剣を持って力強く舞っていたのですが、そのとき後ろにいた女性が撮った写真に、パワフルでカラフルな草薙剣が写りました（口絵参照）。

【吉野】不思議なことに、そこで2人が鏡の舞をするのですね。ここが鏡水という地名を知っていたのでしょうか。やはりさせられるのですね。

啓子先生からそのスサノヲの剣の写真を見せてもらったとき、その意味が全部つながりました。左目と右目からアマテラス、ツクヨミが生まれ、穴（鼻）からスサノヲが生まれたというのは、2つを統合した穴からスサノヲが生まれたということです。穴というのは瞳のことです。この瞳からエネルギーが立ち上がりますから、啓子先生が舞ったとき、その背にスサノヲの剣が出たのでしょう。

以前、沖縄の沖宮《おきのぐう》に行ったときに、突然2人のユタさんが私のほうに近づいてきて、今から7人でミーヌシンに行きなさいと言われました。何のことかわからなかったのですが、ちょうど7人いましたので行けばわかると思い、とにかく行きました。そこでわかったのは、目というのは六芒星の核のことであり、6人プラス1人で行かないと、六芒星の中心には入れないということでした。

ミーヌシンが目の神だということがわかり、すべてがつながったのです。先ほども言ったように、鏡の中にはひとつ目ができます。八咫鏡は、見える世界（現象界）と見えない世界（潜象界）の境目から転がり出て転がり入る、その中心は目なのです。私がよく言っているカタカムナは目であるとか、スサノヲであるといったことはそういうことを指しています。

そして、沖縄のミーヌシンは沖縄の目だということもわかりました。伊雑宮は鶴の目でもあります。その鶴は稲穂をもたらしたのですが、米（＋と×＝八咫鏡）に目というのは、まさにカタカムナそのものであり、ホルスの目でもあるのです。

「ナ」は日本を表し、「メ」はユダヤを表している

【吉野】目とは何か、もう少し深い意味をお話ししておきます。ナは＋で、統合することであり、メというのは×で掛け合わせることです。この2つが一緒になって八方向の米という字になって八咫鏡になります。

その「メ」はユダヤを、「ナ」は日本を象徴しています。日月神示《ひつきしんじ》では日本もユダヤも5と5であり、両方とも片端ですが、ユダヤという文明の発祥地と、日本という東洋の文明の発祥地が、2つ合わさったとき世界が平和になると言っています。「メ」はユダヤであり掛け算の国です（十字架のことをクロスと言います）。日本は「ナ」という和の国、統合の国で、足し算の国です。

この2つをひとつにすることで永遠循環ができるのです。これがナとメ「name」、すべての名前とは、つまり言霊のことを意味しています。そして「The name」というのは、隠された言葉でヤハウエという中心を指します。ユダヤ教やキリスト教では中心の神の名は呼んではいけないと言われていて、発音しないできています。発音すると言霊ですから現象化します。

そのヤハウエというのはヘブライ語でThe nameという意味を持つそうです。私という名前や、ものそれぞれには、唯一それしかない名前がついています。すべてにある名前とは、やはり言霊のことですね。

その言霊でこの世の中はできている、ということを書いているのが聖書です。「はじめに言葉があった。言葉によってならないものはひとつもなかった」と最初に書かれていますね。聖書というのは、聖の字が表しているように耳から入り、口から出るものが王だと言っていて、それはやはり言葉のことです。

ですから西洋も東洋も言っていることは一緒なのです。でもそれを読み解くのは日本語でなければできません。そこが鍵です。

ブルガリアのベラ・コチェフスカ女史は、すぐれた霊能力者ですが、伊勢の多賀宮《たかのみや》の神殿の前に歩み出した際に出現した神のお姿を見て、ひれ伏して号泣したそうです。彼女はその神はユダヤの神ヤハウエであったと語っています。そしてこうも言っています。

「日本は地球のへそのようなもの。宇宙からのエネルギーをいちばんストレートに受ける特別な聖地です。じつは、イエスも、仏陀も、モーゼも、マホメットも日本に来たことがあるのです。瞑想により日本に霊魂として訪れて、この地に住む精霊と交わり、多くのことを学び悟ったのです」

首里城は、国の司令塔

【吉野】首里城って、これもすごいのですよ。なぜ首里というのか。首の里はどこでしょうか。頭ですね。頭が首のふるさとなのです。首里というのは頭という意味で、すべての司令塔という意味です。

シュリ・ジョウ

【思念】首の里→頭のコト（指令を出すトコロ）
【数霊】68＋0＝68　6＋8＝14（受容から離れるトコロ・核）
【住所】〒903-0815　沖縄県那覇市首里金城町1-2

郵便番号の903は9の実体、琉球のことです。9の実体がつづく「0815」で離れて飽和するというのは、力がここからブワーッと最大限に出るところという意味になります。そして、ここから離れるモノが飽和するというのは、どんどんどんどんエネルギーが出てくるところという意味ですね。

首里城の数霊は、シュリが68で、ジョウが0で68になります。受容から離れるということは、容れモノから光を放つという意味になりますから、指令を出すところという意味になります。国事を指揮する頭脳を示しています。ここは龍のエネルギーですね。

【越智】 今年1月11日には玉城に行き、それからこの首里城に来ました。そしてちゃんと鏡を付けて、一人一人玉（魂）を持って、これからは一人一人が自分の命の天皇になるために開きますという誓いを、平和祈念堂でしたのです。

【吉野】 その前の12月1日に、啓子先生夫妻と私たち夫婦で昭和天皇・武蔵野陵のお掃除に行くことになりましたね。そのお昼休みに急に気がついて、琉球のお２人と一緒に、縄文エネルギーの復活を祈ることにしました。現代は物質文明の世界ですが、それが今、精神文明へと転換する時期にきていますので、それを加速させるために世界平和を祈る儀式をしたのですね。そしてここ首里城につながりました。

その直前に私は奈良の若草山に登っていました。その若草山の頂上に三重目《さんじゅうめ》（3つ重なるひとつの目）というところがあります。重なっているところは大和政権の目にあたる場所です。そのとき雨が降っていたのですが、妙に光る瑪瑙《めのう》みたいな石が見えました。三重目の瑪瑙のような石というのはカタカムナで読み説くとアマテラスの石だと思って、とても気になりました。そのときは取ってはいけないと思って帰ったのですが、夜な夜なそれが夢に出てくるのです。

それで啓子先生たちが大阪にいらしたときにもう我慢できなくて、伊丹空港からそのままお2人を連れて奈良の若草山三重目に行ってその石を探したら、その先端が見えたので掘り出したら小さな石でした。どうしてそんなに執着したのだろうと思いながら、私はその石を持って帰り、その意味を考えていました。

また、岩手県の盛岡のホテルに滞在していたとき、手に携帯電話を持っていないにもかかわらず、夜中に携帯電話のように左耳に声が聞こえました。そして男性の低い声で、「会いませんか?」と言うのです。携帯電話を持っていないのになぜ？　と不思議に思ったのですが、「どこで?」と聞いたら、「アベニュー」と言うのです。しかもそれは外国人の発音でした。「え?」と私は思いながら「どこのアベニュー?」と聞いたのです。

すると、ドアにロックがかかり、チェーンまでしているのに、部屋の中で足音が聞こえ、姿は見えませんが、いきなり大きな男の人が入ってきた気配がして私のベッドの上に立ったのです。そうしたらベッドがひっくり返って、私はそこから落ちそうになりました。必死にとどまったら、その男性はパッと消えました。これは夢ではありません。寝ようかなと思っていたときのことです。それから「あの人は誰だったの?

アベニュー（通り）ってどこ?」とずっと考えていました。あまりに不思議な体験でした。

後でわかったのは、彼はヤマトタケルだったようです。私はヤマトタケルを1月11日の儀式で起こしてしまったのです。では彼が言ったアベニューとはどこなのか。

じつは、アベニューというのはイギリスのストーンヘンジの中心に続く道のことを、固有名詞がつかない「アベニュー」と言うのだそうです。その変な体験をした旅から帰宅して、偶然ついていたテレビのドキュメンタリー番組を見たとき、突然「アベニューとは……」とナレーターが言い始めたではありませんか。それはイギリスのストーンヘンジを特集したものでした。夏至の日に太陽がストーンヘンジの中心に差し込むコースに自然にできた大通りを「アベニュー」と呼ぶ、という解説でした。

昭和天皇御陵（武蔵野陵）に行ったとき、そこはまるでストーンヘンジの構造と同じく石で囲まれた円墳の中心に向かって広い「アベニュー（通り）」があったのです。私はここだと思いました。私はそのときなぜか若草山の三重目で拾った瑪瑙に似た石を持っていました。啓子先生もまた、天使に言われて琉球の石を持ってきていました。それで2人が2つの石を持って御陵の前に立ったとき、ここでやるべきことがわかったのです。

【越智】しかも、昭和天皇の御陵の前で、誓いを述べ、お祈りしたら、天皇ご一家のご先祖様たちがずらりと勢ぞろいで出ていらしたように感じました。

【吉野】すごかったですね。それでそこに若草山三重目の石を大和政権の石として、啓子先生が持ってきた琉球の石を琉球王朝の石として置いて、声明文を読みました。これまで守ってくださった歴代の天皇にお礼を申し上げ、これからは私たち一人一人が平和を担っていきますのでご安心くださいと宣言をして、球体の6と9を統合するように結んで、儀式を終えました。思い返せば、その日の朝、大口真神（オオカミ）の絵のついた三峯神社の鈴を拾いました。日本武尊創建の神社です。そしてきれいに清掃された「アベニュー」には、ポツンと高尾行きの切符が落ちていました。後日、高尾山に行ったところ、「スサノ命」が祀られていました。そう考えると、昭和天皇御陵には、その日、日本武尊、天照大御神そしてスサノヲ命もご参列いただいていたのですね。時空を超えた不思議な体験でした。

宮古島の鍋底池《なべぞこいけ》は、母の子宮

【越智】２０１６年6月末に一緒に宮古島へ行きましたね。宮古島市の下地島には、龍の目の形をした神秘的な「通り池」があります。そこも美しいのですが、その奥に鍋底という波や風で浸食されてごつごつした岩に囲まれた池がありました。濃いブルーのとてもきれいな池で、何かリセットしたいときには最高の癒しになるところです。そこの池に入って浮かぶと、その人のインナーチャイルドは最大にリラックスして胎児に戻り、生まれ変わることができるすばらしいところです。

ナベゾコ
【思念】 核が外側へと、外されて転がり出たところ→子を産み出した（母の）子宮
【数霊】 －22（外側がはずれたトコロ）

トオリイケ

【数霊】105　統合して伝わるもの（つながっている）

【住所】〒906-0507　沖縄県宮古島市伊良部字佐和田

【吉野】海に突き出したところが龍の頭になっていて、その鼻のところに鍋底があり、目に当たるところに2つの通り池があり、海とつながっています。私はそのとき北海道から帰ってきたところだったのですが、北海道で出会った女性から徹夜で作ってくれた龍の目が入った黒曜石のペンダントをもらい、持ってきていました。琉球というのはアイヌとつながっていると言われています。縄文のDNAは琉球とアイヌに多く現れ、日本をひとつの球体とみれば、その頭と足はつながっています。これを再びしっかりとつなげるために、龍の目が入った美しい北海道の黒曜石を、同じく龍の目である沖縄の通り池の竜神に捧げ祈れば、北と南の縄文エネルギーが結ばれるのではないかと思いました。

といっても、私はこの美しいペンダントが大好きだったので、なかなか投げられなくて、結局主人に投げてもらいました。透明度が高いので、水底に落ちるまでそれはずっと見えていました。そして「縄文のエネルギーよ、つながれ！」と祈ったら、数時間、弱い地震が起きました。そのときたしかにつながった、受け取ってもらったのだと思いました。

また、鍋底というのは子宮の中であるという言い伝えがあって、私たちもしばらくそこで浮かんでいましたね。私はそこで無性に母のことが思われ、ずっと考えていました。

それで、これは本当に子宮だと思い、子宮探検しようと思ってあちこち動いていたら、水の中から風が吹いてくるところ、穴がありました。これが母とつながっているところだなと思って、啓子先生にも「ここが胎盤からつながっているところよ」と案内してそこにいると、奥の穴から風がヒューッと吹いてきて、私たちがお腹の中にいたときはこんな感じだったんだなと思い出しました。

ここは底ですから、球体の受容です。「球体の中の容れモノ」という意味ですね。ここの郵便番号９０６の６は受容で、受け入れる容積を持つところということで、鍋底の形をしています。０５０７の、５というのは穴のことで、伝わるものの和（７）。伝わるものが調和するところという意味になります。

そして間の50は漢数字で吾という字になりますね。ですから吾が母と調和するところという意味になります。さらに住所の佐和田というのは遮《さえ》りの（子宮）が（胎児）と統合するところという意味です。

また数霊の－22は、次々と起こる振動が出るトコロということで、その容れモノである鍋の縁《ふち》が外れて、転がり入った底という意味です。

そしてこの穴に私たちが入って統合すれば伝わるものとなります。もともとひとつだったところを、こうしてつないでいくのですね。

私事ではありますが、そこから帰宅した2日後の7月4日早朝に母が亡くなりました。ですから7月4日は兵庫県の高御位山に登って沖縄とつながる大事な御神事をする予定の日でしたが、私は行けず、ほかの人に御神事を託しました。また不思議なことに、私に平和祈念堂へ行けと言ってくださった宮古島の神人《かみんちゅ》さんが、偶然にもその日、高御座に行って祈ってくれていました。本当に不思議な出来事ばかりでしたが、そのことは後で知りました。

大神島《おおがみじま》にカタカムナの図象があった

【越智】宮古島の北４キロに大神島という聖なる島があります。人口は28人です。島には船で渡ります。そこの自治会長の久貝愛子さんは、私のクリニックに来てくれたことからご縁がつながっていました。大神島とは縁が濃く10回ほど訪れています。大神島にリゾート開発の波が来ているので一緒に祈って欲しいと手紙をもらって、暮れに行きたかったのですが忙しくて行けず、２月に行くときに信子先生をお誘いしました。それがカタカムナにとってすばらしいベストタイミングでした。

ちょうど２月16日という旧正月に一緒に出かけ、そこでカタカムナのお話し会をしました。その時間は金メダルを取った羽生結弦選手のテレビ中継があったにもかかわらず十数人も来てくれました。

そこでまず私が前座として紙芝居をして、それから信子先生のカタカムナのレクチャーが始まりました。大神島が名前のとおり、いかに大切であるかをカタカムナで解説されると、島民のみなさんは目を輝かせて熱心に聞いてくださいました。

オオガミ・ジマ

【思念】 奥深くの内なるチカラの実体（神）の内なる示しの受容（神を抱く容れモノ）。天照はここから生まれました。

【数霊】 58（伝わるモノが離れて）ジマは－17（統合物が出たトコロ）＝41（奥から出現する）

【吉野】大神島の数霊は41です。これは弥勒魔方陣の真ん中の数字にあたります。それは、反転したカタカムナ、現象に出てきたカタカムナという意味になります。41という数字は「ヲ」という字で、奥深くに出現する自分の命のことを指してもいます。

大神島のみなさんは真剣にカタカムナの話を聞いてくれました。たぶん、おじい、おばあから伝え聞いていた話と一緒だったのだと思います。

その会場は以前、小中学校だったところでした。廃校になってずいぶん経つのに、講堂正面の壁にその校旗がありました。それはなんとカタカムナの真髄を表す図象だったのです。カタカムナの数霊である１０３（統合する実体）を表すものが描かれ、なおかつその中に大神と書いてある紋章でした。それを見て私は思わず泣き出しました。それは３（光）のエネルギーが振動して４（陽）となって柱が立ち、回転するというカタカムナが意味する形と同じだったからです（口絵参照）。

感激して、こんなに泣いたのは沖縄の平和祈念堂以来でした。なぜ校旗にカタカムナとしか思えないものが描かれているのか、本当に不思議でした。

そこで大神島のみなさんのご了承を得て、その図象を２０１８年４月14日に開校するカタカムナ学校の校旗にさせてもらいました。大神島でこの旗に出合えたのも、すべて何かの振動によって起きたことなのでしょう。

【越智】バッジももらいましたね。

【吉野】それも不思議でしたね。これを私たちの校旗にしていいですかと言ったら、しばらくして愛子さんが、ゴミ箱にこの旗のマークを描いた学校のバッジが落ちていたと言って未使用の６個セットを持ってきてくれたのです。なぜそのとき、それがゴミ箱に落ちていたのか。しかも昔のものですよ。もう廃校になっていますから。誰かがわかるように降ろしてくれたとしか考えられません。

[越智] こうした深い意味を読み解きながら旅をしていると、その場や、その人の根源がわかり、宇宙の根源の光に到達するかもしれません。本質的なことがわかっているのと、わかっていないのとではまったく違います。そして、そういうことを大事にしていくと、その場所も開いていくと思います。

2月に一緒に大神島に行ったことで、4月開校のカタカムナ学校にバッチリ間に合ったわけです。

王と羊が意味するもの

[吉野] 数霊の１０３は統合する実体で、カタカムナのことを意味していますが、こ

れを絵にすると、1が三の柱となり「王」という字になります。じつはこの「王」は羊からできています。羊というのはイエス・キリストですが、イエス・キリストという名は、人の名前ではなく、自分の聖なる命を表わす言葉です。キリスト教というのはもともと縄文の信仰で、5500年前の青森では古代原始キリスト教を多くの人が信じていたと思われます。なぜならこの遺跡から数多くの十字架のロザリオにキリストが張り付いた土偶が出土しているのです。青森の縄文人はあれを首からさげていたのでしょう。土偶のうしろには紐を通す穴がちゃんと付いています。その流れでユダヤで愛を広めたのがキリストです。西洋より日本のほうがずっと古いのです。

【越智】キリスト教が日本からというのは本当にびっくりです。

【吉野】そして群（君は羊だと書く）をなす羊というのは、自分の意思ではなく、牧羊犬のコントロールであっちへ行ったりこっち来たりして何も考えていない人間を象徴しています。私たちは本来、そえぞれが「考える葦」なのに振り回されて、人がこちらだと言ったらこちらに行き、あちらだと言ったらあちらに行き、まるで羊のように自分の行動を決めています。

ですから羊は人間を表していて、それはまた集合意識を表しています。みんな一緒に動いていく意識のエネルギーが羊に表されています。キリストは自分を羊と言ったのですが、この羊から主は生まれるのです。

迷える子羊というのは、これから主になろうとして迷っている子羊のことです。人は迷える子羊として羊水から生まれ、それが徐々に覚醒していき、自分の主として生まれ変わり、自分の力を現象化できる王となり、それがさらに転じてすべてのものを導く神となる、それが人間の使命であり、羊が表している意味です。

そして草薙剣、またの名を天叢雲剣《アマノムラクモノツルギ》の字を破字で見ると、天から降りた並ぶ羊が取る剣という意味があり、力のない庶民一人一人が真心から出る言霊の剣をみんなが持ったときに現象化が起き、世界を変えるという剣のことを指しています。

[越智]「草薙剣が言霊」だということが魂に響きます。これが平和への道ですね。

[吉野] そして雲というのは素粒子が集まって物質化したもので、実際、雲が地球の

中心と電離層をつなげています。水も蒸発して雲になり、また雨になって大地に降るように循環をしています。また雲から出る雷はその光で地球を修復していますし、電離層も修復しています。その水がぶつかり合うことで、プラスとマイナスができて電気を生み出し、電気と水を循環させるのが雲の役割です。雲は太陽をさえぎることで温度差を生み出し、風を起こしています。この剣の雲という字は、私たちの意識が集まり雲となって現象化が起きていることを表わしているのです。

その草薙剣が日本の三種の神器のひとつになっています。こうして言葉をカタカムナで読み解くことで、この世の理《ことわり》が見えてきます。

宮古島の玄関、張水御嶽《はりみずうたき》

【越智】宮古島の玄関口でもあり平良港近くにある張水御嶽は、宮古島ではもっとも格式の高い御嶽であり、琉球王国建国（１４２９年）以前から信仰を集めています。

古意角《コイツノ》と姑依玉《コイタマ》の男女2神が祀られています。「こいつの恋」とすぐにギャグが作れますね。

宮古島の神話・伝説をまとめた『宮古島記事仕次《きじしつぎ》』によれば、古意角が地上の守護神となることを天帝に願い出ると、天帝はこれを祝福し、天岩戸の先端を折って大海に投げ入れ宮古島を作ったといいます。その後、古意角は姑依玉という女神を伴い、御嶽のある地に降臨し、多くの神々を産み育て、人々の繁栄をもたらしたといいます。

ハリミズ・ウタキ

【数霊】 32（圧力が）＋74（調和して新しくなる＝反転を起こすトコロ）＝106（統合する受容（子宮））

【住所】 〒906-0012 沖縄県宮古島市平良西里8

【吉野】 張水御嶽は伊勢に通じています。張水が32、御嶽が74で、それを足すと106です。宮古というのは子宮という意味です。古というのは十と口で統合する空間ですから、宮古の島というのは、宮の中で統合する空間、つまり子宮を意味しているのです。

張水御嶽の郵便番号を読み解くと、90というのは球体で、6は容れモノになっています。そして12というのはル、止まる、留まっていることを意味し、これは今という止まっているゼロ点という意味です。球体の子宮の中のゼロ点という数霊になります。

1月11日の伊勢の御神事のときに、私に平和祈念堂に行けと言ってくださった神《かみん》人《ちゅ》さんが、張水御嶽でカタカムナの御神事をしようとしたときも、ふらりとお供えのお酒を抱えてやってきてくださったので、その方を中心に正式なご神事をしていただくことができました。不思議な成り行きでしたが、これでそのとき伊勢につながりました。宮古島は地球の子宮なので、日本の子宮、伊勢とつながることがとても大切だったと思います。

2016年10月、入口初美さんに呼ばれて石垣島でカタカムナセミナーを開催しました。最後のセミナーの前日には、何かものすごい力が働いたのでしょうか、4機のUFOがやってきて15分くらいとどまっていました。それを多くの島民が見ていて、翌日の新聞には「石垣島に謎の発光体」と掲載されました。

セミナー会場はミンサー織りの織元で行われたのですが、私はそこに入ったとき、古事記にある高天原の機織り小屋を思い出しました。そこで織られているミンサー織りというのは、5（陰）と4（陽）の模様をひたすら織り込んでいく織物です。陰と陽が統合されて反転を起こすその形がまさにカタカムナを表しています。

古事記によれば、高天原でスサノヲが乱暴を働いて馬の尻の皮をはぎ、それを機織り小屋に穴を開けて投げ込んだことにより、機を織っていた織姫は、機を織る梭で会陰を突き刺して死んでしまいました。そのことが原因で天照大御神は岩戸に隠れたということになっています。

けれど、その真意は、皮をはいだ馬の尻というのはスサノヲの性器のことで、機織りをしていた織姫と結ばれたことを表していると私は思います。その織姫が瀬織津姫《せおりつひめ》です。そしてスサノヲと瀬織津姫が結ばれたことで、命を生み出す機構が生まれたということを記したのが古事記だと思います。またアマテラスが岩戸に隠れたということは子宮に入って胎児の中に太陽神として入った、新しい命の種ができたということです。その瀬織津姫というのは伊勢に祀られているアマテラスの荒魂《あらみたま》です。

ミンサー織りの織物は麻や木綿などで織るのですが、麻と木綿は、天の岩戸開きのとき、榊《さかき》に八尺瓊《やさかに》の勾玉《まがたま》と八咫鏡《やたのかがみ》を飾って、その下に麻と木綿を吊り下げたということが古事記に出てきます。

ここに三種の神器の勾玉と八咫鏡が出てきますが、なぜ草薙剣が出てこないかというと、岩戸からアマテラスが出てくるエネルギー自体が草薙剣を表しているからでしょう。

そして榊（＝逆木）というのは、西洋のカバラで説かれる生命の樹を表しています。ここからも神道はユダヤ教と一緒だったということがわかりますね。

帰るときに、私はその麻と木綿の糸を御神事に使わせていただこうとお願いして大量に分けていただきました。

石垣島でのセミナー会場が、ミンサー織の織元だったことは偶然ではなかったと思います。石垣島の形は鍵の形をしていて、それはそこに鍵があるという形霊ですから、私はこの石垣島で何かが明らかになるだろうと思っていました。

イリキヤアマリは水の神、瀬織津姫

【吉野】石垣島の東側にある大浜海岸には、海彦・山彦が玉手箱を持って流れ着いたという神話が残っています。そこにイリキヤアマリという女神が封印されているということでした。

イリキヤアマリというのは、伊里機屋安真理と書きますが、それを読み解くと、「伊里」というのは陰陽（太陽）の里ということで高天原のことです。「機屋」とは機織り小屋のことで瀬織津姫を表し、「安」は産む女、そして真の理《ことわり》ですから、そこからもイリキヤアマリというのは、スサノヲと結ばれた瀬織津姫だということがわかります。

【越智】瑠璃さんはイリキヤアマリの絵も描いていますね。龍に乗った裸身の女神が地球を回っている絵が描かれています。とても印象深い絵です。私も欲しくなってアトリエに飾って、カタカムナウタヒの絵を描くパワーをもらっています。

【吉野】そうなのです。瑠璃さんのイリキヤアマリの絵を見たとき、やはり瀬織津姫だと私は確信し、その絵を石垣島セミナーの主催者の初美さんにプレゼントしました。

そのときインスピレーションが降りて、「ここの海道、宮古島と石垣島の間に壁があるはずよ」と、私は言いました。というのは鍵を開けるということは、何か閉じているものがそこにあるはずだからです。

「壁なんてありませんよ」と、みんなに言われたのですが、その2日後、「南北を分断する黒潮の壁が見つかった」と、八重山日報に報じられました。壁があるために、こちら側の宮古島のサンゴ礁のＤＮＡと、あちら側石垣島のサンゴ礁のＤＮＡはまったく違うそうです。なぜかというとそこに黒潮が壁を作って分断しているために遮断され、そこまで来たエネルギーは上に上がって交わっていなかったということがわかったのです。黒潮が集団間の移動を阻んでいたというのですからびっくりです。

イリキヤアマリは裸身で、火食の神と言われています。ですからみんな火と食の神だと思っていますが、違います。火を食べる神とは水の神です。だから水の神、瀬織津姫なのです。それを読み解いたその日、私は海岸にある隕石のような大岩の上で地球の中心に向かってずっと祈っていました。

そして2016年10月8日、私はその日の飛行機で発たなければならなかったので、初美さんにイリキヤアマリ解放の御神事をお願いして別れました。初美さんは導びかれてその場所に行き、イリキヤアマリの開放を祈ってくれました。その5分後に雷が落ちました。それで八重山諸島全島が3時間停電になってしまったのです。その日は晴天だったのに雷が落ちるとは何とも不思議だと島民の人たちは話していたそうです。

雷が落ちたところは石垣島の2万7000年前の古代人の人骨が多数出土した盛山でした。ちょうど私が乗ったJALの機内誌に、「ただ今、人類発掘中！」と題し、石垣島に2万年前の人々の暮らしがあったことが紹介されていました。

【越智】それは私にとって「ただ今、カタカムナ発掘中！」ですね。すべてがシンクロして振動しています！

第2章

CHAPTER TWO

平和と隼人をめぐる【広島・九州編】

広島は平和を誓う場所

【越智】 私は地球の平和ということに熱い思いがありますが、その動機とも言えるのは、やはり過去生で広島の原爆で亡くなっていることが大きいと思います。

そして2017年3月19日に、信子先生と一緒に広島でコラボ講演をしましたが、そこで2人のカタカムナを広めたいという思いが、生命至上主義の文明を広めることであり、それが結果的に地球の平和につながるということを改めて確認しました。

私の直前の過去生は広島の原爆で溶けてしまったヒロシくんですが（広島のヒロシくん、なんて覚えやすいのでしょう）、しかも広島に落とされた原爆の原料がウランであり、そのウランの鉱脈のあるホピの居留地（地球のハートにあたる）にも行っています。私はそこに住むネイティブ・アメリカンだった過去生もあり、その時の父親である長老から、「おまえはこの予言の岩に書いてあるひょうたんを使ったもので死ぬ。でも、また蘇ってここに来るぞ」と予言されたのです。

私はそこを訪れて、ホピの予言の岩を見たとき、そのことをまるで映画を見るようにリアルに思い出しましたし、また夢の中にも出てきました。それは私の魂の記憶です。

原子爆弾はたしかにひょうたん型をしています。そして予言の岩に行ったときに、今回は７回目の地球人のチャレンジであることを予言の岩を守るネイティブ・アメリカンの長老から聞きました。私たちは文明の究極まで行き、その文明で地球を壊してしまうけれど、今回こそは乗り越えるというすごくポジティブな気持ちになりました。けれど長老からは、「大きな天変地異があり、日本にいると大変だからここに住んだら」と言われたのですが、日本での役目があるので帰ってきました。全部がつながっていて、やはり大いなる意思、天意を感じます。

ヒロシマ
【思念】根元から出る空間の示しを受容するトコロ（核を入れるモノ）
【数霊】64　放電する（６・４受容が新しくなる）

【吉野】カタカムナを広めることは平和な世界を蘇らせることでもありますので、旅の始まるところが広島の地というのはふさわしいですね。私たちのコラボ講演会のスタートも広島からでしたし、お互い夫婦で一緒に旅をしたのもここが初めてでしたね。広島での講演は「平和の原点」という認識で始まったのですが、そのときに、手織りの布を使って地球に優しい服を作るデザイナーのさとううさぶろうさんが作ってくださったコノハナサクヤヒメの衣装を2人で着ました。石垣島のホテルでバッタリお会いしたうさぶろうさんに、コラボ講演のための衣装を作っていただきたいと伊地代表が頼んでくださったのですね（口絵参照）。

啓子先生は講演会場ではいつもいろんな衣装を着ていますが、私も何か作ったほうがいいということでした。講演会の前日におまかせでできあがってきたその衣装は、なんと白い絹のコノハナサクヤヒメの衣装でした。また他の人に造ってもらった鏡もコノハナサクヤヒメの鏡でした。この日につけた衣装と鏡が、示し合わせたわけではないのに瑠璃さんの絵のコノハナサクヤヒメのものだったというのはけっして偶然ではないでしょう。

その前日にできてきたコノハナサクヤヒメの鏡があり、その衣装の上にその鏡を付けました。こうして私たちはこの日、コノハナサクヤヒメの姿になったのですが、広島のあとに出かけた鹿児島では、まさにコノハナサクヤヒメのふるさとを訪ねる旅になりましたね。

スサノヲのエネルギーが出現

【吉野】コラボ講演会の日は、私の2冊目の本『カタカムナ　数霊の超叡智』のお披露目の日でもありました。このタイトルの数霊数は、タケハヤスサノヲノミコトと同じです。

じつは、コノハナサクヤヒメというのは地球神のことで、イワナガヒメとは双子の姉妹なのですが、イワナガヒメというのは深く読み解くと、岩戸に隠れたアマテラスオオミカミのことです。闇の中に隠れて見えにくいので、「みにくい」と言われたのです。それがコノハナサクヤヒメは美しくて、イワナガヒメは醜いということになってしまいました。

コノハナサクヤヒメとイワナガヒメが出てくると、カタカムナでは循環して反転する天照大御神という意味になります。２人の反転の要《かなめ》にはスサノヲがいて、カタカムナというのはスサノヲが中に隠れていることを表しています。

また、カタカムナでもあるタケハヤスサノヲノミコトというお名前は、数霊の本が出たときに形となって、そのエネルギーがこの世に出ました。３月19日はそんな日でした。

２０１７年1月11日の御神事の際、啓子先生は沖縄のミーヌシンで舞い、そのときスサノヲの光（剣）が出てきたことはお話ししましたが、それはスサノヲの剣が啓子先生の魂に入ったということです。

私も２０１７年、カナダにセミナー講師として呼ばれて行ったのですが、その前に盛岡にある新渡戸稲造《にとべいなぞう》先生の記念館に出かけました。そのとき岩手という名前の由来である岩に鬼の手形があり、鬼を封印したと言われるところに行きました。その岩に私が手を触れ、岩の中にいる鬼を感じようとしていたら、たまたま主催者の方がそれを写真に撮ってくれていたのですが、その写真に写っていたのもやはりスサノヲの剣でした。どこからかぱっと飛んできて私に入ったようです（口絵参照）。

その写真を拡大してみると、そこに鬼の手形が写っていました。たぶん鬼というのはカタカムナ人というか、縄文人なのでしょう。またはあそこにいたエミシの人たちのことかもしれません。もうけっしてここに戻ってはいけないという手形をそこに取ったと言われており、それが岩手の名前の始まりだというのです。

そのときのスサノヲノミコトの剣が入ったときの光を、啓子先生の光と比べてみるとほとんど一緒でした。だから私たちはこの役割を果たすためにスサノヲの剣のエネルギーをいただいたということになります。スサノヲの剣（草薙剣）とは、平和へと導く言霊パワーの剣です。

広島で平和の誓いを宣言する

［越智］　1月にスサノヲの草薙剣（言霊）をいただき、3月には広島で2人でコラボ

講演会をしました。そこから2人の平和を祈る旅が始まったので、信子先生が作った平和の誓いという言葉を3月19日に広島で発表しました。それはこの地球を愛し貫く闘いを開始するという宣言です。

「地球を愛し貫く決意」という数霊は333、アマテラスが出てくる数霊です。また「貫く」と書いたのは、破字で母の（貝＝カイ）チカラが伝えるモノと読め、母が出産で「生命を生み出す力」を持つことを言います。

広島の地にて誓う

2017年3月19日　地球を愛し貫く闘い

今日、この日より、この地にて、世界の平和に向けて、われら人類すべてのふるさと「地球」を愛し貫く闘いを開始します。

この闘わぬ闘いは、カタカムナと日本人の力によって先導し、必ずや世界の平和へと広げていきます。世界のすべての人類が、地球人となる日まで、この闘いは決して止むことはありません。

吉野信子　越智啓子

【吉野】これから日本人とかアメリカ人とか中国人とか言うのではなく、国を超えた地球人という意識の種を世界中にまいていくのですが、それはこの広島から始まりました。それは1月11日（１１１）からずっとつながっている流れです。

【越智】その意識をずっと貫いていきたいと思います。そうすると不安がなく気持ちがいいですね。まるで剣のごとく、ドーン！と、武士が出てきます。本当の武士道というのは刀を抜かない道ですね。

【吉野】武は、戈《ほこ》を止めると書きます。戈を止めるというのは盾ということで、防衛、自衛、守るということです。命をかけて盾になるという思いが武士道ですね。そこから闘わない闘いが始まったのです。

沖縄も激戦地になって、尊い命がたくさん失われました。このカタカムナの聖地をめぐる旅で重要な場所は、その激戦地、沖縄の平和祈念堂でした。そして広島もまた原爆が落とされ、平和をいちばん思い求めている場所ですね。

私たちはあえて広島と沖縄をつなげようと思って旅をしたわけでなく、何も考えず自然にやっているのですが、後で振り返ると次に行くところ、やること、すべてが用意されていて歩んでいる感じがします。

【越智】広島で誓ったことが今どんどん現実化していっていますし、愛を現象化するために2018年にはカタカムナ学校もできました。すべてが流れるようにつながっています。

宮島の厳島《いつくしま》神社で平家のエネルギーに触れる

【越智】3月16日に信子先生ご夫妻と宮島に渡って、そこで1泊しました。宮島は島自体が神の島と言われる美しいところです。ここでは瀬戸内海に浮かぶように立つ厳島神社へのお参りをし、近くの弥山《みせん》に登りました。

18日は広島市の平和記念公園で祈りを捧げて、19日にはカタカムナを平和の象徴広島から広めようという思いで、コラボ講演会を開催しました。

ミヤジマ
【思念】光が飽和する内なる示しの受容
【数霊】1　根元から出る

イックシマ・ジンジャ
【思念】伝わるものが集まり引き寄る示しの受容が飽和する
【数霊】89＋17＝106　統合する受容
17（ジンジャ）＋89（イックシマ）＝106　至高の受容

宮島といえば厳島神社ですが、朱塗りの鳥居が象徴的ですね。ちょうど着いたときが干潮だったので、歩いて大鳥居まで行けました。その大鳥居の上部の左右に太陽と月のマークがありました。翌日早朝、厳島神社に参拝すると本殿に平清盛公がまるでお内裏様のように正座して迎えてくださり、びっくりしました。

タイラノキヨモリ
【思念】分かれて伝わる場に時間をかけたエネルギーが新しくなり漂い離れる人（陰陽が常に循環する人）
【数霊】156　飽和する受容

過去生で私は平清盛の部下だったときがありますので、そのせいかもしれません。今生は源氏方の越智家に生まれてきたので、ご先祖と拮抗しているのかと思いましたが、カタカムナを学ぶうちにこれは統合だったことがわかりました。

その日はちょうど御神事の日だったので、正装した神官さんたちが儀式をされていました。雅楽の演奏や舞なども見られてラッキーでした。神官さんたちの行列の後ろについて同じリズムで行進してみたら溶け込めたので、もしかしたらこのまま本殿に入れるかもと期待していたら、やはり直前で係の人から「ここまでです！」と、低い仕切りをサッと目の前に置かれてしまいました。自然にギャラリーができて、最後は大笑いでした。どこでも私は天然の笑いを提供してしまいます。

近くには不動明王が祀られている護摩堂があり、そばには９本の松がありました。松は龍の木で、まるで九頭龍《くずりゅう》のようです。パワーがもらえるので立ち寄ってみてください。それからロープウエーで、裏手の弥山に登りました。

空海が開山した弥山《みせん》

【越智】弥山の山頂付近には巨石群があり、その磐座《いわくら》は縄文時代から祀られていると も言われています。また山頂からは日本三景と言われる宮島の絶景が見下ろせます。

弥山へは今回の講演会の参加者たちと総勢19人で出発しました。ロープウエーで行けば頂上はすぐだと思ったのですが、降りてさらに２時間ほど歩いて頂上に着きました。

途中に空海さんが修行した場所があり灯火されていました。私は懐かしい岩場を見つけて衝動的に駆け上がり、そこで瞑想をしました。かつて空海さんと一緒に瞑想した場所でした。大石林山と同じように、突然衝動的に動くときは、過去生の懐かしさを感じる場所です。身体の方が魂に直結しているので、自然に身体が動くのは魂の意向なのです。過去生で私は、空海の甥の智泉《ちせん》だったようです。

頂上に無事着いてから、標高535メートルと書かれた柱のところで君が代を歌い、平和の祈りと、「すべてはうまくいっている」を唱えながらのカニ踊りをしました。

そしてカタカムナカードを19人全員で引いて並べ、その数を足したら、なんと弥山の標高と同じ535になりました！

ミセン

【思念】光を大いに引き受ける

【数霊】87　離れるものが調和する（光が統合するトコロ）

その数霊を読み解くと、カタカムナがこれから広がるイメージが出てきました。

【数霊】535　伝わるものの（5）実体が（3）伝わる（5）

さらに5＋3＋5＝13　広がり
1＋3＝4　新しい・陽

帰りはロープウエーを使わずに降りてきたのですが、大変な行程でした。途中から私は反重力を活用したら足取りが軽くなり、調子に乗って「反重力～反重力！」と叫んで降りていたら、信子先生の「重力も愛ですよ～」の力強い掛け声に、ドスンとまた愛の重力がかかってきて、元の大変な下山に戻ってしまいました。

カタカムナでは重力「カ」が愛なのだと実感した貴重な体験でした。そして翌日は平和記念公園を訪れ、いろんな場所で平和の祈りをしました。原爆死没者慰霊碑、原爆ドーム、無縁塚、平和の鐘、原爆の子の像などです。

【吉野】重力は「カ」ですが、それは思いのチカラ（重いの力）です。自分自身の思いのチカラ＝命の糧となって降りてきた生命（命の種）であり、愛（I＝eye＝愛）です。私たちが生まれてくるには、重力をかけて命を地上に降ろさないと生まれません。肉体を地球に下ろさなければならないのです。その力を、押している側のこ

弥山山頂にて

ちらから見たものが重力で、地球の中心、命を引っ張ってくれるほうから見るのを引力と言います。同じものですが、それは愛であり思いの力です。

　重力というのは思いの力ですから、本当に愛を伝えたいと思ったときに、それが力になります。だから私はあのとき、思いを伝えたくて「すごく重力を感じて下りている」と言ったのですが、でもその後、1週間ぐらい筋肉痛が続きました。弥山は標高は低い山ですが、ハードな山でしたね。

カタカムナが意味するところは統合

【越智】沖縄にはタイラという地名がたくさんあります。平家がよくなるようにという願いを込めて平良という名字ができたそうです。平は平和の意味を持っていますから、平家も平和を願っていたのでしょう。そしてさらに落ち武者になって宮古島へ行きました。だからミヤコオチというのです（笑）。そうしたとき南の琉球へ行ったというところが面白いですね。宮古島はカタカムナで言うと子宮を意味するところでしたね。

【吉野】沖縄には、源氏の伝説も残っていますね。源為朝は沖縄本島へ行き、琉球王朝を作ったと伝説では言われています。

カタカムナというのは統合を意味しているので、突き詰めて根源に入っていくと、同じものになります。源氏も平家も同じところから枝分かれしたものです。日本人もユダヤ人も根元は同じです。

日本とユダヤを比べてみると、言葉（カタカナの文字）や、また風習がよく似ていると言われます。そして古事記の神話の中ではその関係は、山彦、海彦という兄弟で描かれています。その中心は、南洋の島（琉球）が関わっていると思われます。

人間はアダムとイブからずっとつながっています。今、私たちが生きているのが一度もとぎれず、つながったその証拠です。根源ではひとつだったということを理解し、感じることこそが肝要で、それがまさにカタカムナの見方になります。


【越智】元から分かれたものがふたたびカタカムナで統合されてひとつになる、溶け合う、そんな感じですね。美しいです。宇宙は拡散したり収縮したりして呼吸していますものね。だから両方のエネルギーがあります。源氏も平家もない。両方あるものです。私の中にも越智家先祖は源氏ですが、魂の生まれ変わりに平家もあります。

だから切り離すのではなくて、自分の中でも溶け合う統合が大切だと思います。男も、女もなく、右半身男性性、左半身女性性のように肉体的にも統合し、エネルギー的にも統合していきたいですね。

君が代は地球創生の愛を歌っている

【越智】この広島で、君が代とアマテラスのマントラと平和の祈り、舞の奉納をしたいと思い、小さい能楽堂をお借りしてそこに入った途端、パーッと光に包まれました。そこでアマテラスのマントラをみんなで唱え、歌いました。

その前日、カタカムナ教室で「君が代」の読み解きをしたのでしたね。そしてみんなで「君が代」を歌い、信子先生はその歌詞の意味を解説して、「これは地球歌ですよ」と講義しました。

そうしたら、その日「世界でどの国歌がいちばんか」という人気投票があり、「君が代」が優勝したことがわかりました。世界の人が支持する、愛する国歌ということで「君が代」が世界1位になったというのです。うれしいですね。

【吉野】「君が代」は、10世紀に編纂された『古今和歌集』がベースとなって、明治時代に曲がつけられたということが定説になっていますが、じつは、沖縄の久米島の神歌に元歌があったとも言われています。久米島の元歌は「君が代」と「神が代」が対歌となっているそうです。

「君が代」は、日本が侵略戦争を行った国であるという視点から、戦後教育の中で否定的にとらえられてもきました。けれど、この歌を思念で読むと、驚くべき平和の理念が浮かび上がってきます。たった32声音の言葉の奥に秘められた本当の「君が代」の姿を知ることは、日本国民としてだけではなく、地球上に生きる人間として大事な意味を持っていると私は思います。

「君が代」を思念で読み解くと、

イザナギ（電子空間のエネルギー、物質・生命の粒子）とイザナミ（電磁波）が大きく引き合うことにより、地球が造られ、地球の核ができ、地球の周りに目に見えない大気圏と電磁場圏ができて、地球を守る盾となり、自転公転しながら（月日を重ね）、地球に生命を育んでいる様子が述べられています。

その地球の核は、地球のイシ（意志・石）を発信・放射します。生命を産み育てる星になるのだという意志を。

また、「君が代」の現象界の言葉は、地球の調和と平和を切々と祈る歌詞になっています。

あなた方（私たち）の時代が、いついつまでも、続きますように。
小さな小石が、次第に大きな巌となるまで成長して、何事もなくその周りに苔が生すまで、どうか平和であり続けますように

蘇りの象徴、被爆センダン

【越智】広島市の中区中町に白神社《しらかみしゃ》という小さい神社がありますが、その前に公園のような広場があって、そこに被爆したけれど生き残ったセンダンの木があります。爆心地から600メートルというこの場所は、神社自体は焼失しましたが、この1本の木は被爆したにもかかわらず蘇って、大きな枝を広げているのです。

【吉野】この木に触れると何か原爆のときの記憶がパーッと入ってきますね。何かそのときの状況も感じます。爆心地で被爆したにもかかわらず蘇っているということは、本当に何かを伝えたいのだと思います。

また原爆ドームとは違って、これは生きていますから、生き残った希望があります。この小さな広場で舞を舞ってこの木に祝詞を唱えましたね。

センダン

【数霊】106　統合する間。受容

36（セ）＋48（ン）－26（ダ）＋48（ン）＝106

私は河原にある無縁塚、原爆犠牲者の慰霊碑が心に強く沁みました。大きな川の横の堤防にあります。原爆が投下されたあの日、みんながその川に「熱い、熱い」と飛び込んで、その川は人で埋め尽くされ、血で染まったといいます。ここで祈ったとき、そのすさまじい映像が浮かんできて胸がいっぱいになりました。

今はゆるやかに水が流れているのを感じて、平和の誓いとしました。最後に心を込めて花を川に流してみんなで祈りましたね。ここはまさに巡礼が始まった原点の場所となりました。

【越智】私にとって広島は、魂の故郷です。ここでの祈りは、今一度平和への誓いをして心に刻みました。生き残ったセンダンにも誓いました。

仙人が酔いしれた仙酔島《せんすいじま》

【越智】信子先生とのコラボ講演会の後、ヒーリングやセミナーでまた広島に行きました。その後に仙酔島にも行ってきました。福山市の鞆《とも》の浦《うら》に浮かぶ仙酔島へは渡船で行きます。大昔の火山溶岩でできた地形ということもあって、景観がとてもすばらしいところです。仙人が空を飛んでいるときに、この景色の美しさに酔い、降りてきてそのまま島になったという伝説があるほどです。安芸の宮島と同じ神様をまつる霊山弥山もあります。

そしてここは、明治、大正、昭和と、天皇ご夫妻が愛用されてきた避暑地でもあります。それで橋をつけず無人島なのですね。無人島ですが、国民宿舎や皇室御用達の宿舎があって、私はそこに泊まりました。建物は古いですが、浴室のドアなどに思いがけない菊花紋があったりして感激しました。

そこの温泉では砂浴もできます。五色岩というすごくきれいな岩があって、その五色岩の砂をかぶって砂浴をすると、ちょうど目の前に皇后島が見えます。皇后様、昭憲皇太后、明治天皇の奥方様がお気に入りで、船でよく来られていたそうです。

センスイ・ジマ
【数霊】 110−17＝93　発信放射する実体（光）

コノハナサクヤヒメのふるさと鹿児島へ

［越智］ 私は今回の人生、北九州の八幡《やはた》に生まれました。そういう意味もあって九州は我がふるさとですし、やはり天孫降臨、高天原、そして私の魂の奥深いところに桜島というのが意識にあります。

それで天の舞のクリニックの診療室の土壁に桜島の火山灰を使いました。淡いピンク色の入ったベージュ色です。患者さんにも手を当ててもらうと温かいぬくもりや愛を感じるといいます。よく講演会ではコノハナサクヤヒメの衣装を着ることが多いのですが、それは桜島のご祭神でもあり、大好きな富士山のご祭神でもあるからです。富士山と桜島は火山としてはすごく縁の深い親戚です。たとえば富士山はめったに噴火しないのに、桜島は年に1000回ぐらい小出しにしてガス抜きをしてくれています。

鹿児島には4回ほど講演会に呼ばれましたが、最初に行ったときは知覧に行きました。すると知覧の特攻隊員がびっしり囲んで講演を聞いてくれて、それがだんだん光に帰って消えていくのを感じました。

その模様を心の相談室という漫画を入れた本にしたところ、友達の宮司さんがぜひ靖国神社に奉納させてくださいと言って奉納してくださいました。そういう意味では、彼らに何かを届けられたかなという思いがあります。

またお隣の宮崎も、都城《みやこのじょう》の森の木を天の舞、海の舞で使っています。私の意識が、木の時代が多いので、木が大好きで、小学生のとき木造の体育館で校長先生の話を聞かないで、この木造の体育館ぐらいのおうちに住みたいとずっと思っていました。そういうわけで、天の舞には木のぬくもりがあります。木はたとえ木材になっても命が息づいて、精霊も宿っています。

鹿児島神宮は大和朝廷の要

［越智］　鹿児島で吉野先生と最初に一緒に行ったのが鹿児島神宮でした。ニニギノミコトとコノハナサクヤヒメの子供は長男が海彦ですが、下の山彦が天皇家の祖先となったので山彦がここに祀られています。

［吉野］　ユダヤというのは長男ではなくて次男、三男がよく家督を継ぐと言われていますが、それと同じようなことですね。

［越智］　海彦はまた違う役割があったのですね。大鳥居をくぐってアーチ型の赤い橋を渡ったら、右手にすごく見事な御神木があって、「来て、来て」と誘われたような感覚になりました。その御神木は楠で、エネルギーがとてもすばらしかったです。この奥に本殿がありますが、ここがいちばんエネルギーが高いので、ここに行ったらタ

ッチして、ここで祈りましょう。

［吉野］ 大和政権の祖、ニニギノミコトはここから始まりました。山彦・海彦も、コノハナサクヤヒメも、全部鹿児島、宮崎から始まっていると私はとらえています。そういう意味では、大和が本当に始まったところが鹿児島ではないかと。そしてその祖を祀ったところがこの鹿児島神宮です。

鹿児島神宮の御祭神は、山彦・海彦のうちの山幸彦と、その妻である豊玉比売《トヨタマヒメ》が祀られています。大和朝廷側ですね。豊玉比売というのは海神《ワタツミ》の娘であり乙姫のことです。海神というのは海洋民族でありその子孫になります。その次のウガヤフキアエズノミコトという方の奥さまが玉依比売《タマヨリヒメ》、豊玉姫の妹にあたる人です。そしてその次の神武天皇は、大和の最初の天皇でもありますが、そのお妃もアヒラツヒメと言って鹿児島の始良《あいら》というところに住んでいたお姫様です。

ですから系図からみると、大和朝廷の奥さまはすべて南の海洋民族（海彦）の子孫になるとみていいでしょう。その子孫が天皇家を継いできています。

カゴシマ・ジングウ

【思念】 力が内から転がり出る示しを受容し、内なる大きな示しが引き寄って生まれている

【数霊】 25（カ）－16（ゴ）＋23（シ）＋6（マ）＝38
－23（ジ）＋48（ン）－11（グ）＋19（ウ）＝33
合計71（調和が根元から出るトコロ）

【住所】 〒899－5116　鹿児島県霧島市隼人町内2496－1

鹿児島と神宮と分けると、鹿児島というのは中からものすごいエネルギーがわーっと出てくるのですが、その出てきたものを受け取るという意味になります。

鹿児島の数霊は38ですが、これは大和（ヤマト）と同じ数霊です。カタカムナを読み解くことでわかったのは、大和朝廷はある意味でユダヤとのつながりがあって、それがニニギノミコトとか、そのあたりから入ってきていて、それが縄文の琉球（当時はその名はなかったでしょう）と統合し、交わったところが鹿児島だったのではないかということです。琉球は和の国ですから戦って殺し合うより、統合して王妃はお妃

になることを選んだのでしょう。

コノハナサクヤヒメは、鹿児島の阿多というところがふるさとですが、ここはかつて貨幣として使われる宝貝の貝工場とかゴホウラ貝の腕輪の加工工場があって、その貝は南の島（琉球）から来ていました。そしてお父様のオオヤマツミノミコトをはじめコノハナサクヤヒメがその一族の長であり、最高の巫女でした。ということは彼らの故郷は沖縄方面だったと考えられます。なぜなら沖縄の貝は当時お金として流通していたのですが、お金を加工し、流通させる権利を持っていたのは、やはり沖縄の同族出身であるはずだからです。

その中でコノハナサクヤヒメが、ニニギノミコトという天照の子孫の男性と結婚をしました。その子孫が次々とユダヤとの交わりで創り上げたのが大和朝廷。そして、その舞台の始まりが九州南部の鹿児島や宮崎だったということです。

一方、熊襲《くまそ》が隼人と呼ばれるようになるのですが、隼人の祖先は海彦という海洋民族です。隼人の長の娘コノハナサクヤヒメにはイワナガヒメという姉がいました。イワナガヒメもコノハナサクヤヒメと一緒に嫁いだのですが、みにくいので返されてしまいました。それが遠因となって隼人は2つに分かれ、大和政権に付いた隼人族が、反抗した隼人族と戦ったという経緯があると思われます。

私たちの旅の目的のひとつは、その隼人の分裂をひとつにするという巡礼の旅でした。大和とは大きな和と書きます。そこには大きな戦争を起こさずに日本人とユダヤが統合した歴史があるのです。

隼人はカタカムナ人

【吉野】九州の歴史を読み解くかぎり、隼人というのはすごく大きな役割を演じています。なぜ私が隼人を重要視するかというと、彼らこそがカタカムナ人だったと思えるからです。

霧島市にある隼人駅には２つのシンボルが掲げられています（口絵参照）。

薩摩のマークである⊕と、隼人の盾です。これは偶然ではありません。エネルギーがあるから、その形が現象化しているのです。隼人の盾の紋様は、りんごの皮をむくと上下に逆渦ができますが、まさにその形をしています。つまり球体の実体を表していて、この2つの渦は、まさにカタカムナを表しています。球体とは何か、そこにすべての真実が表されていて、隼人はそれを知り尽くしていたのです。

鹿児島の薩摩半島と大隅半島の陸（カタ）と海（カム）が重なり合う中央に隼人の駅はあり、隼人のマークがあります。カタカムナはここから生まれたと言ってもいいでしょう。ここは隼人とも言いますが、この一帯は古くから姶良《アイラ》とも言われていました。つまり、愛の場ですね。

アイラ

【数霊】54（陰陽）

【破字】女＋合＋良　女が（男）に出合って陽《ヨ》と陰《イ》（良）になるトコロ（陽＝琉球、陰＝大和）

姶良は吾平（「吾れ平なり」）とも書きますが、それは吾が、陰陽合体して凸凹がひとつになり平たくなると読めます。この名前からここが海の陽のエネルギーと、陸の陰のエネルギーが統合してひとつになった場所であり、そこから大和政権が現れたことを示しています。

琉球というのは陽のエネルギーであり、王でもあります（陽の数霊は４であり、三に１を足すと王という字になりますね）。この陰陽が統合すると、この陽が流れて、琉球（球体）という形になります。これを表しているのが隼人の盾なのです。

天皇家の大嘗祭《だいじょうさい》とか譲位の儀式の際には、隼人の舞を舞う習慣がありました。大隅隼人たちは今もこの舞を伝えていますが、この盾に表された流れる球体を表すことによって、琉球と言っていたのです。隼人は琉球の母、妻であり日本の母である天皇のお妃をずっと生んできました。その琉球の母を守るために、神武天皇を支え大和を守護して戦ってきたという構図がそこに見えてきます。

コノハナサクヤヒメ
【思念】９の花が咲き誇る姫

コノハナサクヤヒメというのは思念で読むと、９の花が咲き誇る姫と読めます。つまり9、9、9と続きますが、この凝縮してつながった9というのは地球のことです。

地球を球体として見るとき、地球の表面のことをコノハナサクヤヒメと言っています。コノハナサクヤヒメがなぜ浅間神社に祀られているかというと、浅間《せんげん》はアサマ（浅い間）と読むと、これは地球の外側にあるプレートのことを表しているのだと思います。

そうすると、もう一方のイワナガヒメというのは、陰の球体の中に入った長い核ということになりますから、地球の地軸のことになります。2人を生み出したお父さんのオオヤマツミというのは大山を積む、これはいったい何かというと溶岩であり、それを生み出すマグマのことを言います。

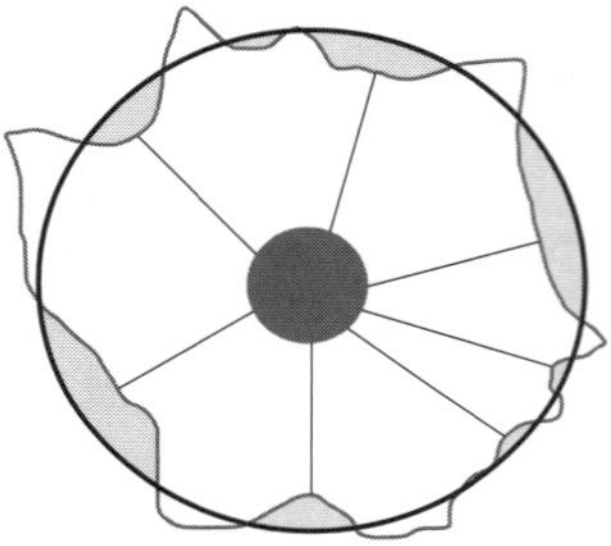

ですからここ日本は地球の深部と陸が統合して、その裂け目と盛り上がりがいちばんつながっているところで、火山がいっぱいある火の国なのです。

それはニニギノミコトとコノハナサクヤヒメが結婚したことで、地球の表面には海彦（＝海）と山彦（＝山）という2人の子供ができましたというお話になります。この山を積んだのはオオヤマツミ、水、海を積んだのはワタツミ（海神）、またコノハナサクヤヒメ（地球表面神）が生んだ子供が海彦・山彦の海と山ですね。それで地球はできていますから、これは日本の歴史だと思っているのですが、じつは地球創生の物語とも言えるのです。

この地球というのは丸ではなく、山があったり、海溝があったりして、右図のような形をしています。

隼人は、こうした地球創生の神々が生まれた場所につながっていますので、私たちはこの隼人にまず行き、九州の巡礼を始めました。

隼人町

◎住所：〒899-5192 鹿児島県姶良郡隼人町内山田1-11-11（旧町役場）

隼人というのは隼《はやぶさ》の人と書きます。

隼人の遺骨は頭蓋骨を赤く塗るそうです。それはじつは死してハヤブサが太陽と統合したことを表しています。ハヤブサは獲物を取るときに急降下して中心へ突き落とす力があるのですが、突き落とされた先にある地球の中心には太陽があります。その太陽には岩戸に入ったアマテラスであるイワナガヒメがいます。そこにも深い意味があります。

蛭児《ひるこ》神社には奈毛気《なげき》の杜《もり》がある

［越智］鹿児島神宮からボランティアのガイドさんが付いてくれたのですが、最初はちょっと頼りない感じだったのですが、場所が変わると突然豹変しました。次の蛭児神社に行くときに、その表情が変わり、目も鋭くなり、覚醒した感じになったのです。やはり役割を担うとちゃんと守護する方がつくのでしょうか。蛭児神社には奈毛気の杜というのがあるというので、そこにぜひ行きたいということになりました。

イザナミとイザナギが生んだ子、ヒルコは下肢麻痺の障害を持っていて、それを嘆いた両親は、楠でできた舟「アマノイワクス舟」に乗せて流して捨てました。その舟はこの蛭児神社のあたりに流れ着いたそうです。そこは楠がたくさん生えて森になり、それが奈毛気の杜と名付けられました。
その入口では大きな御神木の楠が迎え入れてくれました。ここはとてもエネルギーが高くて、イスラエルの「嘆きの壁」に通じていると感じました。この神話は日本からイスラエルに伝わったのかもしれません。そこでカタカムナ校歌とヒフミの歌を歌って、アマテラスのマントラも唱えました。本殿もすばらしく、エネルギーも高いと思いました。女性的な、女神的なエネルギーでしたね。ナゲキに奈毛気という字を当てるのが面白いし、何か明るいですね。その音に何か隠しているものがあるのでしょうか。祇園をギオンと言ったりしますから、そういう意味でも何か謎解きができそうですね。祇園祭はシオンの祭りだと言われています。やはりユダヤとつながっていますね。

ヒルコ・ジンジャ
【思念】根元のゼロ空間に留まって転がり出るモノ（今のエネルギー）
【数霊】29＋17＝46　充電する
【住所】〒899－5116　鹿児島県霧島市隼人町内2563

隼人を解放する

［越智］ 大和朝廷に反発したという隼人の乱が720年に起きました。大和朝廷1万の兵に対し、隼人は1年4ヶ月も抵抗して、だまされてお酒を飲まされ約1400人が殺されました。隼人は首を切られ、串刺しにされたりしたので、戦いが終わっても疫病や災害が絶えず、たたりを鎮めるために放生会《ほうじょうえ》（捕えていた生き物を放して償うこと）をし、隼人塚が造られました。

隼人塚は高さ3メートルの石塔3つと、人型の人形4体からなり、正国寺《しょうこくじ》の跡にあります。

その隼人塚で隼人の解放をしましたが、それは強烈でした。大和朝廷というのは何かずるいところがありますね。お酒を飲ませて和解するふうに見せかけて首を切るなんて。

ハヤトヅカ
【思念】引き合って飽和する統合により集められたチカラ
【数霊】42（ハ）＋15（ヤ）＋17（ト）＝74　－44（ヅ）＋25（カ）＝－19
　合計55（次々と伝わるモノ）

［吉野］隼人の人たちの多くは殺されたとき首を切り落とされたようです。ものすごい呪術的な力を持った民族だったので、それを恐れて切り離すみたいなことをしたのでしょうか。だけどその後、災害が続きました。疫病、災害が絶えなかったので、そのたたりを鎮めるために、この隼人塚を作り、放生会をしました。
　大分県の宇佐神宮も同じように、隼人の首塚と百体社と言って体と離した塚があって、その後のたたりが大変で、何百年も貝を海に放して生き返らせるという放生会をやっています。宇佐神宮も、鹿児島神宮も、今も毎年霊を鎮めるために行っていますが、それが大きな行事になっていますね。

［越智］案内してくれたガイドさんが途中で、「本物のところにお連れします」と言っ

て、田んぼのど真ん中のほうに案内してくれました。そこはあぜ道を通っていかないとたどり着かないというところでしたね。

[吉野] その側にあったのは隼人塚を管理している止上《とがみ》神社でした。何かを覆い被せて封じ込めているような雰囲気を感じました。だから、それを開放しなければいけないと、お線香を3本ずつ焚いて、アマテラスのマントラを唱え、校歌やヒフミの歌や「蛍の光」を歌いました。御神事をやって誓いを立て、隼人の御霊を開放しますと祈りました。

[越智] そのときちょっと変な感じでしたね、グワーッとすごいエネルギーが出て、時空が歪んだような感じがして、何か音まで聞こえました。まるで牢屋みたいなその暗さは、オオクニヌシが封印されている出雲と雰囲気がちょっと似ていました。

[吉野] カタカムナで開けてしまったから、それは本当に何かすごいものを感じましたね。バーンという音がしてエネルギーがバーッと一気に開放されました。それも蛍

隼人塚

の光を心を込めて歌い、「ありがとうございました、今までご苦労さまでした」という思いで開放しました。ここで隼人の魂を開放することが私たちの大きな目的だったのです。そこに案内してくれたガイドさんがスピリチュアルガイドに変身したのも、やはり隼人のこの場所に連れて来てくださるためだったと思います。

じつは私は以前、ここに来ようとしたことがあるのです。そのときはこの近くで「ここに行け」という声が聞こえて、「隼人の塚はありませんか」と聞きながら探し回ってこの近くまで来ていたのですが、結局この場所はわかりませんでした。標識も何もない田んぼの真ん中で、ちょっと曲がったら見えたのですが、まさかそれだとも思わず、そのときは帰りました。

【越智】 そのおかげで今回は行けたのですね。何もないのになぜ止まれと言っているのか後でわかりました。このあぜ道をこう歩いていって、出たところが止上神社だったのですから。やはり今このタイミングで行く必要があったのでしょう。

そこの止上神社にはお面があったとガイドさんが誘うように言うので、それを所有している近くの郷土資料館にも行きました。止上神社にはたくさんのお面が伝わっているらしく、そこには止上神社にあったお面が49個（メビウスの反転）柱に掛かっていました。いろいろな顔があり、彫りも深いですね。覚遍という名僧がいくつもお面を彫っていました。あうんのお面もありましたね。

【吉野】「あ」というのはあいうえおの最初の音で、「ん」というのは最後の音で、「うん」と口を閉じます。ですから対になって、循環します。「あうんの呼吸」と言いますが、始めなく終わりなくつながっているという意味です。それは蘇ってくる命のことを言っています。

だけどそれを止めないといけない時期もあって、私たちが開けるときがまた開く時期だったのだと思います。隼人のエネルギーは、これからどんどん生まれ変わっていくのではないでしょうか。塚（づか）とはマイナス19で、「生まれるモノを入れるトコロ」という意味です。閉めているものが開いたとき、蘇りますから。

【越智】「早く戸を開けよと、はやと！」、カタカムナを勉強すると同義語が多いのですぐギャグになります。同音異義語の法則があり、かつ内容がすごく深いので安心してギャグを作れます（笑）。

熊襲《くまそ》の穴でヤマトタケルを思う

【越智】 隼人駅から山奥に車で行くと熊襲の穴と呼ばれる洞穴があります。ここは私有地で、旅館「妙見石原荘」の敷地内にあります。熊襲の洞穴まで４００段の階段を上がります。台風のせいで大雨の後でしたから、濡れた階段を登るのは大変でしたが、洞穴に入ると天然のクーラー状態でした。冬は暖かく、夏は涼しいのでしょう。別世界に入った感じでした。

入口の右側にある電気のスイッチをオンにすると、サイケデリックな絵がすごい迫力で迫って来ます。地元のアーティスト萩原貞行さんが30年近く前に原色で描いた絵が壁のいたるところにあり、まるで大好きな岡本太郎の世界でした。

この洞穴の中で、熊襲の首領、川上梟師《カワカミタケル》が、女装した日本武尊《ヤマトタケル》に殺されたと言われています。あまりにも勇敢なヤマトタケルに、カワカミタケルは死ぬ間際、「私のタケルという名前を名乗りなさい」と言って亡くなったと言われています。

【吉野】そういう物語になっていますが、それは事実ではないと私は思います。実際はスサノヲがヤマタノオロチの尻尾から剣を発見し、それを倭姫《やまとひめ》が受けつぎ、その倭姫から草薙剣をもらって、それで全国を平定していったのがヤマトタケルです。それが大和朝廷の始まりになっています。

それで大きな平和と書いて大和というのですが、その草薙剣というのは言霊の剣だったことはお話ししましたね。それを唯一使った人がヤマトタケルですが、それは人を殺すための剣ではなく、言霊によって人と理解し合い、統合していく剣でした。ですから大きな平和でひとつにするために、いろいろなことを一緒に戦わないでやっていったというのが事実だと思います。

そこには契約がありました。ユダヤ人というのは契約をしますね。このユダヤとの契約により琉球の縄文の姫を天皇家に入れてひとつになろうとしてきたのです。そのときもやはり戦わないで、この大きな平和、大和としてやっていこうということを説いて回った、つまり契約して回ったわけです。それに納得した人が過去は竜宮城の乙姫のお父さんであり、熊襲でした。

けれどニニギノミコトの時代、熊襲の長がコノハナサクヤヒメで、天皇家に入っていきましたから、熊襲を殺したことにしないと、後々天皇家のためにならないのでそういう物語を作ったのでしょう。けれど、実際、熊襲は天皇家を動かすほどの力を持っていました。その熊襲、隼人というのは呪術を使って天皇家の祭祀や警護をし、信頼を得ていたので、実際には天皇家を動かしていた人たちだったのではと思います。

クマソノアナ

【数霊】11（ク）＋6＋（マ）30（ソ）＋20（ノ）＋18（ア）＋14（ナ）＝99

次々と発信放射するモノ（地球）

【住所】〒899-5113 鹿児島県霧島市隼人町嘉例川4376

数霊99とは「次々と発信放射するモノ」となり、熊襲が地球の太陽神（天照大神）と交信していたことを表しています。熊襲の名前もクマソタケル、カワカミタケルと2人のタケルがいたのですが、そのような契約があって自分の名前をヤマトタケルにあげたのでしょう。日本では名前を譲り受けることは襲名と言って使命を受け継ぐという意味がありますが、そこにはヤマトタケルが平和をつくり大和朝廷を担うという契約があったのでしょう。それ以来、名前を継ぐことを襲名と、熊襲の襲をつけて歌舞伎などで言い出したのではないかと私は思います。

【越智】なるほど、襲名披露は熊襲から来ているのですね！

熊襲の穴で地球の声を聞く

【吉野】熊襲は穴に住み、そこで地球の声を聞いていたと思います。火山国に住む人というのは、ちょっとした震動とか地鳴りとかそういうものを察知する能力に長けていますが、熊襲はその中でも特別で、常に地球の深部と対話をしていたと思います。

穴の中は結構広く、上下に2階建てのようになっています。それを所有する妙見石原荘に泊まりましたが、温泉のあるすごく広い立派な旅館でしたね。その日は台風で川が増水していましたから、もうダーッと迫ってくる感じでしたね。

火山の活発なときは、彼らは洞窟に入り、噴火を予知するために地球の音を聞いていたのだと思います。彼らは霊力を持ち呪術を使っていたと言われていますが、私はたぶん地球神であるカタカムナ神とつながっていたのだと思います。

穴の中に入ると、まるで子宮に入ったような感じで、とても安心します。最初にここに来たとき、私は寝袋を持参してここに泊まりたいと思いました。隼人が感じたように私も同じように感じたいと思ったのですが、ここは電気がなければまっ暗となりますが、火気厳禁なのでロウソクもつけられず、もちろん泊まれませんでした。一緒にいた今村夕喜さんが、そこで私の気持ちを聞いて、「遠く古《いにしえ》より」というフレーズが降りてきて、それをカタカムナ学校の校歌として作ってくれました。

今回は啓子先生と伊地さんをお連れしてここで大和との統合をしたいと思っていたのですが、旅の最後の日には伊地さんも薩摩武士のコスチュームを着て、みんなで薩摩武士になって写真を撮りましたね。薩摩と琉球が一つになった瞬間で、私は心の中で感動し泣いていました。

【越智】カタカムナ学校の校歌になった名曲「風のコドウ」は熊襲の穴で地球の声を聞いてできたのですね！　生命の流れを感じる魂の歌ですね。何度も繰り返される「遠く古よりあなたの呼吸を聞く　隠された愛と勇気は今この胸にある」のフレーズに魂が打ち震えます。

ヤマトタケルは、イエス・キリスト?

【吉野】私はそのヤマトタケルというのは、ある意味でイエス・キリストではないかと思っています。ヤマトタケルとイエス・キリストは同じ魂を持っているので、ひょっとしたらイエス・キリストそのものかもしれないと思っているのです。

私がなぜヤマトタケルがイエス・キリストだと思うかというと、自分を羊だと言ったのはイエス・キリストだということにもつながってきます。イエス・キリストは自分は人の羊、神の羊と言っていて、聖書のヨハネの黙示録の中に、「私の口のつるぎをもって彼らと戦おう」という一節があります。

ヤマトタケル
【数霊】 111　15（ヤ）＋6（マ）＋17（ト）＋26（タ）＋35（ケ）＋12（ル）

聖書解説本には、本当に口から剣を出している挿絵も描かれていますが、口から出る剣というのは相手を説得し屈服させて納得させたり、変えさせる力を持つ言霊のことです。だから、イエス・キリストは愛の言霊によって戦わないでやると言ったのです。それが本当の聖書の意味です。

言霊を持った羊がいっぱい並んで群れを成し、その羊たちがあっち行ったりこっち来たりしている間に、草原の草はみんな食べられてなぎ倒されてしまいます。だから、羊の群の持つ力（民衆の力）を別名草薙剣、草をなぎ倒す剣というのです。

【越智】 この解説は圧巻です！

【吉野】 それを羊が持っているというのは、私たち人間は弱いけれど、こうやってみんなの集合意識で草をなぎ倒していくことによって、世の中を変えていく力を持っているという意味です。それが聖書に書かれていることです。ヤマトタケルは唯一その草薙剣をもって大和を平定した人ですね。

それは古事記でも言われていますが、天叢雲の「叢」の字を読み解くと、並ぶ羊が取る（剣）となり、聖書のそれと一致します。イエス・キリストは日本に来たとも言われていますが、御霊が来たのかもしれないし、実際来たのかもしれませんが、ヤマトタケルという方もイエス・キリストの御霊を持った人だったのです。その彼が統合していったのが大和朝廷ですね。

【越智】これまでヤマトタケルは熊襲を殺した人だと言われてきましたね。本当はもっと深い意味があったのですね。カタカムナで次々と謎が解けてきます。

【吉野】隼人の人たちは、もし自分の王様がだまし討ちされて殺されたのだったらヤマトタケルを恨むでしょう。でも、そうは伝わっておらず、ヤマトタケルは南九州でもわりと人気があります。その名にちなんだ地名も残っているほどです。人気があるということは、やはり殺したのではなく、お互いがひとつになったということで、朝廷と一緒にやってきたのだと思います。そうでなかったら大きな和、大和という名前はつきません。

その後、ヤマトタケルは出雲に行って出雲を平定します。出雲タケルを殺したことになっていますが、その出雲もタケルなのですよ。このタケルという名前を全部自分に引き継いできているのはおかしいでしょう。敵の名前、殺した人の名前は、絶対自分にはつけません。「受け継ぐ」という意思を表明して生きたのです。また、わざわざ日本と書いて（ヤマト＝大和）と読ませていますね。日の本《ひもと》、東の果てはユダヤのあこがれの地です。西から来たので日の本という言葉を使ったのでしょう。日の本とは西と較べたときの表現です。聖徳太子も西の中国の王に言うときは、日出づる国と紹介していますね。言霊、数霊で解いていくと、私にはそうとしか読めないのです。

［越智］ タケルは「受け継ぐ」という意思表明に納得です。実際に統合していったということですね。

［吉野］ そう、統合したのです、⊕のところでね。日本とユダヤの契約と言ってもいいです。そして、その契約が今、変わるときにきています。

［越智］ ヤマトタケルは女装したというけれど、そのくらいきれいだった。もしかし

たら両性具有だったかもしれません。天使的な神秘性を感じます。

【吉野】そうですね。アマテラスオオミカミも両性具有です。中心の神、㊉の神というのは陰陽統合のエネルギーですから。スサノヲも両性具有です。昔はみんな歌を交わしていますが、そこで契約して一緒になって受け入れていっています。それこそ戦わぬ戦いです。

けれど、調和の人もいたけれど、戦う勢力もいたのでしょう。熊襲の戦いがあったり、それを誤解した人の一派が反抗したりして、そういう中で残虐な戦いがあったのは事実でしょう。

古事記とか歴史書をそのとおりに読むと何が何だかわかりません。本当は何があったのか、そこにはもっと深い意味があるのです。口から出す剣で戦うと言っている言霊の剣のことを、日本の三種の神器というのですから、言霊が神なのです。そして言葉を読み解く以上に真実はないのです。言葉で読み解いた歴史は勝者が書いた歴史書より信頼できますね。

コノハナサクヤヒメのふるさと、万世《ばんせい》（阿多）

【越智】南さつま市加世田高橋にある万世はコノハナサクヤヒメのふるさとのです。ここには知覧ほど有名ではありませんが、特攻隊の万世特攻平和祈念館があります。知覧の滑走路が狭くなったので万世にも作られたのですが、コノハナサクヤヒメのふるさとというところが、やはり偶然ではないと思います。

知覧は何度も伺いましたけれど、今回こちらにも行くことができて本当によかったです。２０１名の特攻隊が日本のために命を捨てて戦って多大な成果をあげてくれて、今の平和な日本があります。アメリカはやはり琉球はすごく大事なところだとわかっていて、そのため沖縄を狙って上陸したのかもしれません。とにかく、この隼人の魂はずっと日本を守ってきています。彼らの魂はずっと見守ってくれていることを今回はしみじみ思いました。実際に特攻隊は欧米がびっくりするほどの戦果を遂げていま す。沖縄を助けるために飛び立った若い青年たちの純粋な思いが、家族への手紙や遺言にあふれていて涙が止まりませんでした。

ガイドの方が、全員の手紙を暗唱されていて、涙を流しながら紹介してくださって、その姿にも感動しました。迷い込んだ子犬に、自分の飼っていた犬の名前をつけ、一緒に笑顔で写っている青年たちの写真が、万世で撮られていたとは知りませんでした。彼らはその2時間後に飛び立っています。入口付近に琉球から移植した琉球松が1本ありました。まるで琉球の代表のように感じて思わず抱きしめてしまいました。

アタ

【思念】生命が分かれたトコロ
【数霊】44　18（ア）＋26（タ）　集まる

［吉野］この辺を古くからの地名では阿多と言います。しかし、もう小学校の名前とか病院の名前とかしか残っていませんね。コノハナサクヤヒメはアタツヒメというのがご本名で、阿多都比売と書きます。この名前は古事記の中に出てきますが、カムアタンとも言うそうです。

カムアタンというのはアイヌ語で、「今に座る人」という意味で、現人神ですね。アイヌ語が出てくるとは、隼人は縄文人だったのでしょう。その本当の意味は現代には伝わっていないようです。

阿多にはコノハナサクヤヒメの像があります。今は加世田《かせだ》と言いますが、阿多の霊峰金峰山が、アタツヒメの御神体だと言われています。アタというのは吾田とも書きますが、これは吾を統合する空間という意味です。そして田んぼの田の字は⊕のことです。吾の⊕、それはカタカムナという意味ですね。

鹿児島のこの近くの場所には、ニニギノミコトの館もあったと言われています。歴史は全部この南九州から始まっているのですが、鹿児島の人というのは奥ゆかしい方が多く、あまり自分のことを主張しませんね。

私たちの巡礼の目的はいわば戦争をなくすため。ヤマトタケルがやったように戦わない戦いをし、相手の心を打つような言葉で和合していきたいのです。それを復活させる意味で、言霊で戦っていくという誓いですね。それは言葉を読み解いた者の使命だと思うし、聖書もそのことを言っています。

口から出る剣で相手を変えていくのですが、突き刺す剣というのは相手を感動させる剣ということです。それをもって戦ったのがイエス・キリストです。だから聖書というのは耳と口が王だと書きます。聖書は、言葉こそがすべてを変える王であることを書いた書物という意味です。聖書も「初めに言（ことば）があった。言は神と共にあった。言は神であった」で始まっています。けれど、そう真っすぐに読む人がいなかったので宗教戦争が起きてきました。

【越智】 大山津見神の娘で、神阿多都比売《カムアタツヒメ》、またの名をコノハナサクヤヒメという姫は、とても美しかったので、高千穂からここに遊びに来たニニギノミコトが、一目惚れして結婚を申し込んだのですね。父のオオヤマツミは喜んで姉のイワナガヒメも一緒にもらって欲しいと頼みます。ところが、イワナガヒメはじつはあまりにも神々しくてよく見えなかったので、「みにくい」と思いニニギノミコトは父親に返してしまいます。「見えにくい」が「醜い」と表現されてきました。まぶしくて見えないほど輝やいていたのだと思います。そのほうがしっくりきますね。

いよいよ、本当の天の岩戸開きです。これまで隠れていた神々が現れます。ゴールドのコノハナサクヤヒメの彫像があるところで、私たちはいつものようにヒフミの歌を歌い、カタカムナ学校の校歌「風のコドウ」を歌い、そしてアマテラスのマントラを唱えました。

コノハナサクヤヒメの資料館にも行きましたが、入口に隼人に仮装できる衣装と隼人の盾があったので、それを2人で着て、隼人の勇ましさを即興の歌で表現して、大いに盛り上がりましたね。

ここではやはり隼人たちがコノハナサクヤヒメをお守りしていたのだと実感しました し、それがまた特攻隊として日本を守ったという流れを感じました。だからこの土地が大事なのですね。

相撲は縄文の御神事だった

【吉野】隼人の盾はお守りにもなります。これは9と6を表していますし、96は天皇という数霊でもあります。この真ん中に太陽の3というアマテラスがあり、合わせると99になります。地球という球体になって、それを流体として琉球に流して描いたのがこの隼人の盾だと言いましたね。

阿多というところは、１万２０００年前からの縄文の遺跡がたくさん発掘されているところで、その遺跡から石器とか土器が出ています。この辺には高橋貝塚という遺跡もあって、そこにはハム工場もあったり、イノシシなどの燻製を作っていたという跡もあったりします。それから貝工場として琉球から持ってきた貝をそこで加工して、アジアや日本全国に貿易していた一大拠点でもありました。当時は貝が貨幣だったので、ここにはお金を造る造幣局もあったことになります。そういう意味で大変重要な場所でした。

相撲《すもう》

【思念】一方方向に進んで漂うことを生み出すコト

【数霊】21＋33＋19＝73（調和の実体）

【破字】木（エネルギー）が目（目のトコロ）で、扌（発信放射する＋䒑（並ぶ）羊が大（大きいものたち）

空海もこの近くの海岸から中国に渡っていますし、遣唐使の中継地でもありました。また鑑真和尚もこの近くに流れ着いています。

相撲の始まりもここからではないでしょうか。ヤコブと天使が相撲を取ったという話が聖書にも載っていますが、それより前にここで相撲が発祥したのではないかと私は思います。お互いに取っ組み合って戦うのを相撲と言いますが、この相撲は御神事です。

というのは、相撲というのはカタカムナの世界観をまさに表しています。土俵を◯で書き、2つに分かれたAとBが、真ん中に突進してぶつかり合う（+）ことで、プラスとマイナスが打ち消し合ってゼロになり、統合します。力が互角の場合には打ち消し合ってゼロになりますが、押し合いへし合いするうちに、一方が土俵の外に追い出されます。その土俵で押し合いへし合いしているところが、フトマニ図象を表しています。

なぜ相撲が御神事とされているかというと、そのフトマニが神のいるところであり、そして神の力のかけ合い（エネルギーのぶつかり合い）そのものが御神事を意味しているからです。

その相撲は隼人が生まれた鹿児島や琉球には今もまだ残っていて、お祭りには子供たちが口上を言いながら、相撲を取っている光景が見られます。NHK大河ドラマ『西郷《せご》どん』でも相撲を取るシーンがよく出てきていましたね。

私は琉球や鹿児島が相撲の発祥地だと思いますし、相撲がまわしを締めて、注連縄《しめなわ》を張り、塩を撒いて清めたりすることからも、それが御神事だったことがわかります。

開聞岳《かいもんだけ》の封印を開く枚聞《ひらきき》神社

【越智】指宿《いぶすき》にある、薩摩半島でもっとも高い山、それが開聞岳です。三角錐の美しい山容から薩摩富士とも呼ばれています。錦江湾の入口、海門にあることから、カイモンダケと呼ばれるようになったそうです。

私たちはここ開聞岳の北麓にある小さな祠で、岩戸開きを行うことにしました。いよいよイワナガヒメが岩戸から出てこられます。天の岩戸開きと同じでワクワクします。イワナガヒメは、封印された天照大神でもあります。

カイモン・ダケ

【思念】 チカラが伝わるものが大きく漂う・外側に分かれて放出するトコロ

【数霊】 111＋9＝120（ゼロ空間そのもの）

［吉野］開聞岳は、読み解くとイワナガヒメの御神体であることがわかります。コノハナサクヤヒメとイワナガヒメは双子の姉妹と言われていますが、この向かい側にある桜島がコノハナサクヤヒメですから、向かい合っていますね。

開聞というのは111ですが、イワナガ（1）ヒメ（11）も1・11で111の並びになります。そして開聞岳は120です。12というのは、12時は0時ですから、0とも読みます。これは0点の111となっています。イワナガヒメというのは、イワナガが1ですが、ヒメまで入れると11で、両方で12になります。

開聞岳というのは、閉じ込められているものがあるから開門するわけですね。私たちは最終的にそれを開きに行ったのです。開門岳のふもとにある低い岩の割れ目が奥まで続いている場所で御神事をしました。台風で泥だらけだったのできれいに洗って、お掃除をし、阿多のコノハナサクヤヒメはお酒の神様でもあるので、阿多で造られた「絆」というお酒を振りそそいでコノハナサクヤヒメとイワナガヒメの統合を行ない、一人一人が誓いの言葉を述べ祝詞をあげました。

この開聞岳のふもとには、枚聞神社という神社がちゃんとありました。ひらきは開聞と一緒で、両方とも聞くという言霊が入っていますね。それは言霊を聞いて開くということです。開門するには、真心から誓いの言葉が大きな力を発揮します。

ヒラキキ

【数霊】 1（ヒ）＋31（ラ）＋29（キ）＋29（キ）＝90（発進放射そのもの）

【住所】 〒891－0603　鹿児島県指宿市開聞十町1366

【越智】 酒は、サ（遮り）をケ（放出）します。また「さけ」で、開けるという意味もあります。ここでアマテラスのマントラを唱えて光を下ろして、そこで出てきた誓いの言葉、「地球人としてこれから平和の種を世界にまいていきます」を宣言しました。

そうしたら終わった途端に、穴からつがいのチョウが出てきました。つがいのアオスジアゲハのきれいなチョウが小さな赤い鳥居の中を通って出てきたのです。

【吉野】 穴から出てきて舞っていたのですが、そのうちこちらに戻って入って、ここの鳥居を通って出ていきましたね。「今のは何?」と、みんな顔を見合わせましたね。ご神事が終わった途端に出てきたのですから、びっくりしました。

そうしたら森からいろいろな鳥がパーッと頭上に集まってきて、鳴きながら旋回しだしました。そしてまた一斉に飛んでいったのです。

チョウチョは神です。そのチョウチョがつがいで出てきたのです。私たちも3組のつがい（夫婦）で御神事をやったわけですが、終わった途端に現象化したのですからびっくりしました。唖然として写真を撮るのも忘れてしまいました。

隼人を封じ込めるのに止上神社があり、もしここにイワナガヒメの御魂が封じ込められていたとしたら、それを開くためにこの開門岳があったのかもしれません。２０

16年、17年と、日本武尊、磐長比命のお誕生の儀式を行ってきましたが、この日ようやく磐長比命の御魂が甦りましたね！

【越智】 富士山の御神体はコノハナサクヤヒメですが、開聞岳も同じ薩摩富士です。帰り道に開聞岳が鏡池に美しく映っていましたね。その鏡池は八咫鏡に似ていて、八角形です。開聞岳がこうして全身を鏡に映すことは滅多にないと地元の方が言っていました。通り過ぎようとして湖面に映える美しい開聞岳に気づいて、急に車から降りて写真を撮っていたら、もう消えてしまいました。

隼人の解放もすごかったけれど、ここの開門もすごかったです。こうして2つの大きな御神事をしました。

それから種子島に飛ぶのですが、桜島の真上を通っていくので晴れていればよく見えます。桜島はコノハナサクヤヒメで、開聞岳がイワナガヒメなら、桜島というのはコノハナサクヤヒメがいつも手にしている桜でもあります。桜島は噴火して上が取れていますが、元々は富士山とそっくりだったそうです。

富士山が危ないというので、富士山を鎮火するようにとオオヤマツミから言われて、コノハナサクヤヒメは富士山を鎮火しに行ったと言われていますが、生まれ育ったのはこちらです。

地図でいうと右側が大隅半島、左側が薩摩半島、桜島は錦江湾の真ん中にありますが、大隅半島とは後でつながったのですね。ここはこうした地球統合のところであり、その入口でとても大切なのです。

【吉野】 開聞岳のある指宿《いぶすき》は温泉で有名ですが、指宿は指の宿と書きます。これは指し示す、生まれ出て伝わる百と書きます。この百が反転を起こすという意味なので、ここから開門するという意味になります。指し示す、開門するところでもあります。

開くためには99に統合してプラス1が生まれると、100で反転します。百は「もも」と呼ばれて、イザナギが黄泉の国から出てくるのに、桃を3個投げて、黄泉の国から開門して出てきたという古事記の説話がありますね。指宿はそういう意味を持っています。

阿多は加世田とも言いますが、ここの海岸が有名なウミガメの産卵地になっていて、たぶん浦島太郎伝説というのは、ここから琉球に行った山彦のことです。けれど浦島太郎伝説はいろいろなところにあります。たぶん時代を越えてたくさんの琉球とのつながりが各地の物語として残っているのだと思います。

[越智] 沖縄にも龍宮城と言われる場所がいくつもあります。伝説は単なる架空の話ではなく、ちゃんとそれが発生した土地に由来があるのですね。それを実地検分するのがカタカムナ探求旅行になっています。

種子島は生命を生み出した島

[越智] 種子島へ向かう飛行機はプロペラ機で、その日は大雨のためなかなか飛びませんでした。滑走路の真ん中に出ても、悪天候の回復を待ってプロペラをずっと回しながら、機長さんの「あと10分お待ち下さい」というアナウンスを何度も聞いているうちに1時間半経っていました。台風が来ていたのですが、その間を縫ってやっと飛

び立ちました。あきらめない機長さんのおかげでした。ずっとみなで龍に祈っていました。

タネガシマ

【思念】分かれて充電する内なるチカラ（種）が示す受容

【数霊】26（タ）＋46（ネ）－25（ガ）＋23（シ）＋6（マ）＝76（調和する受容）

【吉野】そうしたらプロペラ機の横をずっと回っている形が、8という字に見えるのです。「何なの？　これは」と思って写真を撮りました。何枚撮ってもそこには8が現れていました。

その前に私たちは止上神社の封印を解いていました。それが上に上がるのを止めるという神社です。この止上神社のエネルギーが来ていたのかもしれません。それを取り払うために啓子先生と白龍を呼んで、「飛べ、飛べ！」というエネルギーを、念を入れて送りました。

【越智】８は龍の数ですね。隣にいた白龍がいなくなり、「どこ行ったのかしら」と思っていたら龍が飛行機の下に回って持ち上げようとしているのを感じました。そしていよいよ龍が飛び立って、飛行機は無事飛び立ちました。感無量でしたね！

種子島で行こうと決めていたところが広田遺跡ミュージアムでした。

１９５５年台風22号が襲来して砂丘が崩れ、人骨１５７体が出てきたところです。それから3年間発掘されて、２００９年には国の重要文化財となり、海が見える丘に集団墓地もできました。

ここで広田人が発見されたのですが、同時に貝の装身具が4万点も見つかって、私が見たかったゴホウラのブレスレットがいっぱい見られました。

シャーマンの人骨のそばに1万点、10キロもの貝の装具が見つかったり、庶民もたくさんの貝のアクセサリーを身につける習慣がありました。広田人は小柄で男性が１５４センチ、女性が１４２センチと、私と同じ身長です。私は広田人だったのかもしれません。それで衣装を着て、広田人を再現したマネキンと並んでみましたが、とても自然でした。そのとき持っていたバッグも、広田人と同じようなバッグでした。

【吉野】ゴホウラという貝があって、それが琉球で取れて、腕輪などのアクセサリーになっていました。それが種子島でもずいぶん加工されていました。ゴホウラというのはとても大きくて厚く、前述のとおり、まるで子宮に胎児が宿っているように見えます。この輪切りがまた渦巻きになっています。この遺跡からゴホウラをいくつもはめた遺骨が発掘されていますが、貝は伸び縮みしないので子供のときから装着していたのでしょう。

また、この海岸では「山」という漢字も見つかっていて、日本で最初の漢字と言われています。またギリシャ文字も発見されているそうです。

資料館ではそこまで解説されていなかったのですが、ネットが発達して多くの人の目に触れるようになって、これはカメオに彫られたギリシャ文字だということを読み解く人が出てきたのでしょう。「愛」や「雲」、「熊襲」という文字が発見されていますし、ヤクモタツと読めたり、スサノヲという名も登場しているそうです。

昔、ペルシャのこちら側にスサという王国があって、そこの王様をスサノヲ王と言っていたのですが、その人たちが種子島に来て、そうした文字を残したのではないかとも言われています。

そして、この人たちが「愛」と書いたことがすごく大事なところだと思うのです。種子島は、鉄砲伝来をはじめ、鹿児島にはザビエルが来たり、いろいろなものが流れ着いて入ってきている入口です。鹿児島南部の地形が陰の女性器だとすると、種子島は着床しようとする精子（種子）の島といえるでしょう。陽（男性）は海岸そのものです。種子島という名称が今も残っているのですから、私はここが人類の始まりの場所ではなかったとさえ思っています。古代の大規模な火山活動・地震などでこの辺りは海に没し、海底には大量の火山が降り積って、その根跡は永遠に失われてしまったのでしょう。

宇宙技術もカタカムナ!?

［越智］種子島空港に着いてからの電話予約で運よく13時30分からの宇宙センター見学ツアーに参加できました。まず、ロケット噴射の音を聞く映像を大スクリーンで見

種子島宇宙センターにて

ましたが、思ったほど大きな音とは感じませんでした。バスに乗っていよいよ本物のロケットを見て回りました。ちょうど7号が展示されていましたが、それは大迫力でした。その断面が⊕の形になっているのを見て、「カタカムナだ！」と信子先生は大興奮でした。しかも2つあるのです。

【吉野】 たまたま7号が打ち上がらなくて先に8号が打ち上がり、7号が展示されることになったのだそうです。7というのは平和、調和です。調和とは違うものがひとつになるということですが、来る前に台風7号があって、この日はまさに7月7日でした。また啓子先生と伊地ヨンさんの結婚記念日の日でもありましたね。偶然のようですが、これも偶然ではありませんね。調和の流れが種子島から始まるととらえました。

【越智】それで、帰りは高速船で帰ろうとしたのですが、道中に雄龍《おたつ》・雌龍《めたつ》の碑がありました。私は『龍を味方にして生きる』を出したばかりだったのですが、私たちの結婚記念日の最後に、船が出るところが雄龍と雌龍なんて、できすぎていますね。粋な夫の計いに感動しました。

芦屋釜の里、芦屋

【吉野】福岡県の芦屋は北九州の小倉と門司市に隣接する港町で、玄界灘に面しています。そこは鎌倉時代には一世を風靡した芦屋釜の里でした。高品質の鉄を産出し、そこで作られる芦屋釜は今も高品質で、重要文化財に指定されている茶の湯釜9個のうち8個までが芦屋釜です。

じつはカタカムナ最後の頭領の名前はアシアトウアンといい、彼ら一族をアシア族といったようです。楢崎皐月氏は、かつて満州滞在時に、老子教の道士からもてなしを受け、そのときに使われた茶釜が落ち葉4～5枚で湯が沸く超伝導のものでした。かつて日本にはアシア族という高度文明を持った民族がいて、彼らがそれをもたらし、また彼らは「八鏡文字」を使用していたと教えられます。そこから楢崎氏のカタカムナの探究は始まったのです。

芦屋は地理的にも中国と向かい合っているところですが、その場所を探していた楢崎氏はこの芦屋には至らなかったようです。

アシア

【思念】 感じる示し（生命）を感じるトコロ

【数霊】 18（ア）＋23（シ）＋18（ア）＝59　5＋9＝14　核・カタカムナ

じつは、私は最初のカタカムナセミナーを神戸のサラ・シャンティで行い、次に沖縄で行い、その次に福岡の芦屋で行いました。というのは、この芦屋に住む人から突然、電話がかかってきて、「今、友達と大阪に来ているのですが、カタカムナのことを聞きたいのです」と言われたのです。

まだ本も出ていないときでしたから、私は聞きたがっている人には伝えなければという思いがあって、「では、すぐに行きます」と言って、第１クールの資料を持って大阪駅の喫茶店に行きました。そして話し始めたら４時間、第１クールの授業を全部やってしまったのです。

その人たちは新潟と芦屋の人たちだったのですが、彼らは「このカタカムナを広めなければ」と決意してくださり、それから芦屋と新潟でセミナーが始まったのです。

その芦屋に行ってみたら、そこは茶釜を作るところで、楢崎氏が探していた場所は「ここだ！」と思いました。ですからこの芦屋は、カタカムナから見たらとても大事な場所です。

また平安時代に蘆屋道満《あしやどうまん》という陰陽師が神戸の芦屋にいたそうですが、それが安倍晴明と戦って敗れ、こちらに流されたことから、ここを芦屋と呼ぶようになったという言い伝えもあります。

宇佐八幡に隠されたもの

【吉野】 大分県宇佐八幡（宇佐神宮）もキーポイントです。なぜなら本当の天照大御神がここにいるのではないかと私は感じているからです。そんなふうに考える人はほかにいないでしょうが、宇佐という名前や宇佐市のマークを読み解けば、それを表現していることがわかります。

ウサ（ハチマン）

【思念】 生まれ出る遮り　引き合う凝縮の受容

【数霊】 19（ウ）＋28（サ）＝47 引き離す

42（ハ）＋27（チ）＋6（マ）＋48（ン）＝123（根源から出る示し）

合計170（統合そのモノ）

【住所】 〒872-0102 大分県宇佐市南宇佐2859

宇佐市のマークは、6と9を重ねた形をしてその中に点があります。また八幡の八は八咫鏡で、それを御神体とするアマテラスと読み解けます。なぜなら古事記の上《かみ》つ巻《まき》にはたくさんの八が出てきますが、それは天照の御神体「八咫鏡」を指し示しているからです。また、幡という字は「巾＝かぶせる」という意味に番人の番ですから、上にかぶせて番をすると読めます。ここには隼人の弾圧、戦いのストーリーもあって、放生会といった供養が何百年も続けられていられます。

宇佐八幡には八幡大神（応神天皇）と、比売大神（宗像三女神）そして神功皇后が祀られています。八幡神は応神天皇を祀っていると言われていますが、じつは真ん中にある御神体には三女神というアマテラスの娘が祀られています。この娘たちを真ん中に祀るのはおかしいと思いませんか。なぜアマテラスの娘、宗像三女神がそこに祀られているのか。なぜ大切な中心に祀る神なのに固有名詞のない「ヒメ大神」なのか。秘め大神ではないか。

私はアマテラスオオミカミというお母様をお世話するために、アマテラスの三女神がそこに祀られているのではないかとみています。宗像三女神を大神とは言いません。

だからその下にはお母様の大神がいらっしゃるのだろうと思うのです。

しかも宇佐とは、「生まれ出る遮り」を意味しています。この中に何かが隠されていると思い、もしかしたらアマテラスの御魂をもつイワナガヒメではないかと思っています。だからこそ、ここに三女神を付けているのではないかと。コノハナサクヤヒメが隼人の巫女であったのなら姉のイワナガヒメも隼人の巫女であったはず。妹は天孫の后になったのですが、イワナガヒメの消息はぷっつりと消えています。

宇佐八幡の奥宮は大元《おおもと》神社といい、3つの磐座があって、そこが三女神が生まれたところとされています。この山を御許山《おもと》というのですが、その字は御許山《おゆるし》と書きます。なぜ御許しを請わなければならないのでしょうか。

宇佐八幡の近くには反乱を起こし、殺されて首と胴体を切り離された隼人の塚があるのですが、その首領がイワナガヒメだったのではないか？　イワナガヒメに宿っていたアマテラスの御魂はそうした戦いの世が嫌になって、この御許山の岩戸に隠れてしまっているのではないでしょうか。

平和の誓いを持ってお許しを願う人が来れば、アマテラスは出てこられる、そう思い、私は一生懸命御許山山頂で素足のままお祈りをしました。

こうした隠されている縄文の太陽神のエネルギーを外に出すことが、今求められていると強く感じて、そこから磐長比命が祀られているという奥日向の銀鏡《しろみ》神社に向かいました。

久留米《くるめ》と八女《やめ》と銀鏡《しろみ》

久留米

【意味】 九州の目

【数霊】 11（ク）＋12（ル）＋10（メ）＝33　漂う（光が次々と出る）

八女

【意味】 八咫鏡を御神体とする女

【数霊】 15（ヤ）＋10（メ）＝25（カ）　チカラ・霊力

銀鏡

【意味】白（99）の実体→33（アマテラス）

【数霊】23（シ）＋34（ロ）＋3（ミ）＝60（受容そのもの）

［吉野］福岡県の久留米は九州のゼロ点の目であり、ここにつながっていくと、いろいろなところにつながります。この久留米では足かけ3年間もカタカムナヤミナーをさせていただきました。そのご縁で今回のカタカムナ学校にもこの久留米からたくさんの受講生がいます。

久留米セミナーの主催者の山本順子さんとセミナーのメンバーが、台風7号が襲来している大雨の日でしたが、八女津媛《やめつひめ》神社という八女市の山奥の神社に連れていってくれました。そこには岩屋があり、岩屋に祀られた八女津媛様の像があります。

神社に参拝する前、資料館の軒に雨宿りをしていると、その資料館の方が出てきてくださり、八女津媛のいわれやそのご神体の話などをしてくれました。館内には八女津媛様が鏡をまさに投げようとしている像の写真がありました。

八女津媛が「八の女＝八女」というのであれば、それはいったい誰なのでしょうか。八の女っておかしいですよね。それでずっと考えたら、「八咫鏡の女」という意味だとピンときたのです。「八咫鏡をご神体とする女性」とは天照大御神しかいません。九州にはこのように名前を変えてお祀りされている神様が多いです。

その後訪れた奥日向の「銀鏡神社」には磐長比命が見にくい姿を恥じて投げ捨てた鏡が落ちてきたという伝説があり、その鏡を御神体としていました。そのときは台風7号が来た影響で水が滝のように流れ、車で進むのも大変な状況のなかを久留米のメンバーである今村夕喜さんの運転で命がけでたどり着きました。そこに一軒だけお店があったので、ジュースを買おうと思って入ったら、そこのご主人が村の長老を紹介してくださいました。それは北斗七星と北極星を祀る神社の神主さんでした。

その神主さんは、88歳で全身白装束に身を包み、まるで仙人のような方でした。「みんなわしのことを仙人と呼ぶ」と言って、「こんなに話が通じる人はめったにない」と6時間、息つぐ暇もなくいろいろなことを話してくださいました。そして何百年もつながってきたという古文書も見せてくださいました。それで最初にイワナガヒメのことを聞きたいと言ってお会いしたのですが、気づいたらイワナガヒメのことは一言も聞かずに別れてしまいました。

先ほどのお店へ戻ると、お店の前にもう1人男の人が立っていました。その人は私が何も聞かないうちに、「イワナガヒメはなあ」と、今度は語り出すのです。その人が村人の中で、イワナガヒメの御神体を見たという人でした。それでイワナガヒメの鏡のことや、それと一緒にもうひとつ祀られている後醍醐天皇から預かった鏡のことを教えてくださいました。

後醍醐天皇の側近に菊池家があり、その子孫が「西郷どん」です。その菊池家の人が逃げてくるときに後醍醐天皇から懐良《かねなが》親王へと預かった鏡をそこに奉納したそうです。銀鏡神社というのは、磐長比命の鏡と懐良親王の2つの鏡が御神体なのだそうです。

その鏡の特徴も詳しく教えてくださったので深々と頭を下げ、お礼を言って頭を上げると、もう見当りません。捜してみると、遠ざかっていく小さな後ろ姿がかなたにあるだけでした。あとでわかったのですが、仙人のような長老と一緒に写ったはずの2枚の記念写真もじつは、何も写っていませんでした。じつに不思議な時間でした。何か大きな力によって導かれている……そんな不思議にみちた一日でした。

33度線は反転し、新しいエネルギーが出る場所

【吉野】銀鏡神社では、12月14日というまさにカタカムナの日に、神楽の33番（アマテラスの数）を夜通し徹夜でやるのですが、それは８００年以上続いているそうです。そこの神楽というのは全員男性が舞うそうです。北九州の北のほうでは神楽と言わず、神の舞いを浮立《ふりゅう》と言います。神楽《かぐら》を読み解くと、重力が下へと引き寄る場という意味になります。「沈む」という意味ですね。この九州という球体の中に神はいますから、その隠された奥の岩戸を開くのが神楽です。アマテラスを喜ばせて、岩戸を開かせるための神楽なのです。

地球内部に沈んで神楽をしながら踊る場所はちょうど地球の33度線直下です。九州という球体の沈むエネルギーと、浮くエネルギー「浮立」の境がこの33度線にあります。33は漂う（プラスマイナスゼロ）という意味ですね。そこから上を浮立、下を神楽と呼んでいるようです。そしてこの33度線というのはアマテラスの線でもあります。

そこで33の神楽を舞い歌うのです。じつに言霊と数霊がピタッと合っていますね。

【越智】6月15日に修復された太陽の塔の内部を見学したら、33個の生命のオブジェが「生命の樹」としてありました。カタカムナを学んでいるので33という数字にドキッとしました。岡本太郎さんはすごい人です。名前の数霊は194で、足すと14（ナ）＝核で、カタカムナそのものです。

【吉野】話は前後しますが、八女津媛の神社に行った帰り立ち寄った神社では、3か月に1回しか来ないというご神職の方がそこにいて、来た人に抹茶を点《た》てていました。私たちはそれを知らずにたまたまその日に行ったのですが、その時間そこに行かなければ話が聞けませんでした。

その人がお茶を振る舞ってくれながら浮立の話をしてくれました。村人たちはもうずっと何百年間も神社の上下2つに分かれて浮立を踊っています。下のほうの踊り手は全部男性で、上の方は女装した男性が踊り、上のほうは何をしているのかはいっさい秘密で、写真も絶対に撮らせないといいます。それは誰も知らないけれど、踊っている人は知っています。それを聞いて私はピンときました。

そこでは男と女が反転するのでしょう。だからアマテラスは男性であり女性であり、スサノヲでありアマテラスであるというのは、そのお祭りからも伝わってきます。御神事というのは統合するために行うものですから、そういうものなんです。カタカムナの視点で見るとその意味がわかってきます。

アマテラスも男性と言われたり女性と言われたり、またスサノヲも男性だったり女性だったりします。大本教の出口《でぐち》王《お》仁《に》三郎《さぶろう》が女装したり、出口なおさんが男装したりしたというのは、じつは大本（根元）はそうなっているからなのですね。とくに九州というのは球体ですから、男女の統合、プラスとマイナスの合体が行われ、生命を産み出す場所なのです。本来神道とはそういうものだと思います。

第3章

CHAPTER THREE

カタカムナの大元をたどる

【六甲・富士山編】

次々と湧き起こるメッセージ

【吉野】カタカムナで読み解いていくと、神様の役割とか機能とか、そういうものがだんだんわかってきます。またその神々をお祀りされている神社へ行くと、本当の歴史が読み解かれ、ここで何をすべきかが伝わってくるので、これまで私たちはそこでやるべき宣言をしたり、誓いを立てたりしてきました。

今回改めて気がついたのは、２０１５年10月10日の海の舞の竣工式からそれは始まっていたということです。啓子先生にどういう気持ちでお祝いを伝えたらいいのだろうと思ったときに、瑠璃さんの絵が頭から離れなくなりました。

それは海を背景に、瀬織津姫と天照大神が鏡をつけて正式の装束で並んでいる姿でした。これを現象化したいと思ったときに、お2人が身につけている鏡を形にしようと思って、鏡を作るチームを立ち上げました。全員必死になって作りました。できた鏡は鏡神社へ持っていって魂を入れてもらったのですが、どんな勾玉がいいのか、鏡

海の舞全景

の紐の編み方はどうだったのか、縄文時代の編み方を研究しながら、それに限りなく近いものを再現していきました。

鏡自体は薄い金属ですが、鏡の裏にはレーザーで数霊を入れてもらいました。瀬織津姫の裏にはヒフミ九九算表、天照大神の裏にはフィボナッチ数列という、カタカムナで読み解いた数のシステムで動き出す渦を入れたのです。

これを海の舞、天の舞という渦の場所でお2人に付けてもらうことが、エネルギーを動き出させる重要なポイントだと思ってお渡ししました。その結果、次々と不思議なことが起こってきて、それで動いたというか、そこが始まりだったことに改めて今回、気がついたのです。

それから10月19日に六甲《ろっこう》比《ひ》命《め》大善神《だいぜんじん》に参拝した

ときに、この瀬織津姫と同じ瑠璃さんの山の絵バージョンが掛かっていて驚きました。そして六甲比命大善神の磐座には2つの丸い白いものがお供えしてありました。私はそこにいつもお供えしてあるものだと思っていたのですが、あとで確かめると、そんなものは存在しなかったことがわかりました。

そして、それは2つの精子を表していたのでないかと直感的にわかり、2つの生まれるべき神はいったい何なのだろうという謎解きを始めたことから、聖地をめぐるようになったのです。

【越智】 その元には海彦と山彦がいたということですね。そして海彦の子孫が隼人であり、山彦の子孫はヤマトでした。

【吉野】 そうです。ですから鹿児島の隼人に行ったり、その母親であるコノハナサクヤヒメの富士山に行ったり、いろいろ旅を重ねてきました。そしてお2人が初めて鏡を付けて六甲比命大善神に参拝された日、それを鏡開きの日としているのですが、その鏡が何か変な様子でした。伊地さんの鏡は真っ暗で、啓子先生のは白に縦じまの何か波のような紋様が映り込んでいて、2人は同じ方向を向いているのに全然違うものが映っていたのです。あるときは黒と白で、これはブラックホールとホワイトホールになっているのだなと感じました。何か不思議なことが起こったり、さまざまなご縁がダイレクトにつながり始めたのはここからだったと思います。

それは外から入ってくるもので動かされているという感じで、聖地に行くたびに、人知では考えられない不思議なメッセージが次々とあり、それを読み解きながら進んできたという感じです。

【越智】海の舞がスタートだったのですね。そこに瑠璃さんの絵が重要なメッセージとなって鏡ができて、そこに吸い込まれるようにいろんな不思議なことが起きてきたというわけですね。

世界の架け橋になりたい

【吉野】神戸の保久良《ほくら》神社に行ったのは2014年の11月です。それから琉球へ行き、神戸に行き、そしてそのあと私は青森の十和田湖に行きました。そこでヤマトタケルとキリストにつながって、カナダに行くことにもなりました。新渡戸稲造先生の「太平洋の架け橋になりたい」という思いが、私のハイヤーセルフにつながって、カナダのビクトリアに導かれたのでしょう。

なんと盛岡とビクトリアから太平洋をへだてて同時にセミナーのオファーが入ったのです。盛岡出身の新渡戸稲造先生が、「願わくば我、太平洋の架け橋とならん」と言って語学を習得され亡くなられたのが、ビクトリアでした。

私自身、最初の本『カタカムナ　言霊の超法則』を書いたとき、その「はじめに」で、かつて私が世界の架け橋になりたいと思ってスチュワーデスになったということを書きました。それから新渡戸稲造先生のエネルギーがものすごくサポートしてくれているのを感じ、彼が生まれたところと亡くなったところで、同時にセミナーを開催することにつながったのです。

のちに、新渡戸稲造先生が著した『武士道』における武士道とは愛だというのがわかったのですが、初めて日本人が英語で世界に発信したのがその言葉でもあります。それは2018年末に訪問することになったイスラエルまでつながっています。

十和田湖湖畔にある十和田神社は日本武尊を祀っていますが、その反対側の湖側にはイエス・キリストの石像があります。東北の大震災のとき、崖が崩れて中からイエス・キリストらしき自然石でできた像が現れたのです。私はイエス・キリストはヤマトタケルだという思いがずっとしていました。

出かける前夜、あろうことか、日本武尊が私の部屋に現れました。起きている出来事は壮大で、私の中では本当に震えるぐらいですが、それをどこまでお伝えできるのかわかりませんが、時空を超え、本当につながっている神の世界と、人の世界を明らかにしたいと強く思いました。

カタカムナのシンボル、六甲山

【越智】カタカムナの研究は、六甲の金鳥山で楢崎皐月氏が平十字に出会い、見せられた巻物から始まったと言われていますから、六甲はカタカムナの要の場所です。巻物は御神体と言われたのですが、それは見つかっていません。

でもこの六甲には大きな磐座が点在していて、とてもエネルギーが高い場所で、ここは明らかにされることを待ち望んでいる聖地だと思います。

ロッコウ

【数霊】 113　34（ロ）＋44（ッ）＋16（コ）＋19（ウ）（今の実体・引き寄る光）

【吉野】沖縄の郵便番号が900番台で、六甲が600番台というのもすごいですね。勾玉にしても、隼人の盾にしても、6と9はついて回ります。6と9の差は3ですが、

３６９という数字もまた要になっています。

６と９は無と空を表しています。琉球は９、六甲は６、隼人の盾の９と６がつながっているというところで、その真ん中の３のところに高御位山があります。その高御位の山頂では実際に世界平和の石碑が建てられ、平和を祈る場所となっています。

また、天皇の数霊は96、永遠循環を表わすトーラスの数霊は69です。６と９は２つ合わせて描くと勾玉になり、クルクル回転しても同じ数霊ですね。

カタカムナの聖地、保久良《ほくら》神社

［越智］保久良神社はまさにカタカムナの聖地です。楢崎皐月氏が平十字という猟師さんから見せてもらった巻物を書き写したことから、カタカムナが世に出ることになりました。保久良神社は六甲の中腹、歩いて登るには健脚が必要です。

そこには大きな磐座がゴロゴロあって、それが渦巻き状に点在しています。ここで信子先生とカタカムナの仲間たちは、最初に不思議な美しい写真を何枚も撮られています。濃いマゼンダ色の放射状の光や、いのちの種を思わせる緑の光、富士山のような光景、またカタカムナのシンボルのような八咫鏡の目の部分が写真に写っているのがすごいです（口絵参照）。

左奥には白梅の林があり、そこに珍しい十字架のような木があり、そのあたりも不思議でパワフルな空間です。

ホクラ

【数霊】 89　47（ホ）＋11（ク）＋31（ラ）　引き離されるものが引き寄る場

【住所】 〒658-0005　兵庫県神戸市東灘区本山町北畑680

【吉野】 近くの金鳥山で、楢崎皐月氏が平十字氏と出会って、カタカムナ文献が発見されたのですが、ここはそのカタカムナ神社だったところだと思います。

平十字氏はカタカムナ神社の宮司さんの家系と言われていて、その御神体と言われているのがカタカムナウタヒです。でも、あとで探してみるとカタカムナ神社というのは実在しないので、おそらくこの保久良神社のことを言っているのかもしれません。
保久良神社は大和政権以後、名前が変えられたのではないでしょうか。縄文時代には神社となる聖地には建物は存在せず磐座しかなかったからです。その磐座がこの保久良神社の境内ではカタカムナの渦状に置かれているので、保久良神社がカタカムナ神社ではなかったかと思うのです。

【越智】カタカムナ神社のご神体は巻物と言われていますね。

【吉野】それは金鳥山で、楢崎皐月氏が平十字氏の腰にぶら下げていた巻物を20日かかって書き写させてもらったものと言われています。その巻物にカタカムナウタヒが80首書かれていました。この巻物が御神体と言われていますが、平十字という人はその後どこを捜してもおらず、誰だったのかということもわかっていませんし、巻物も見つかっていません。
保久良神社には立岩《たていわ》があって、そこから渦巻きが出ていますが、磐座に名付けられたイロハニホヘトを順番に右回りにたどっていくと、右回りの渦になります。誰かが付けたイロハニホヘトという名前の磐座は、不思議なことにそれぞれの音に由来する意味を持っています。

【越智】立岩のところは統合のトなのですね。

【吉野】はい、イとロの位置のところは神殿の中になっていますが、統合のところが中心で、そこから渦が始まっています。

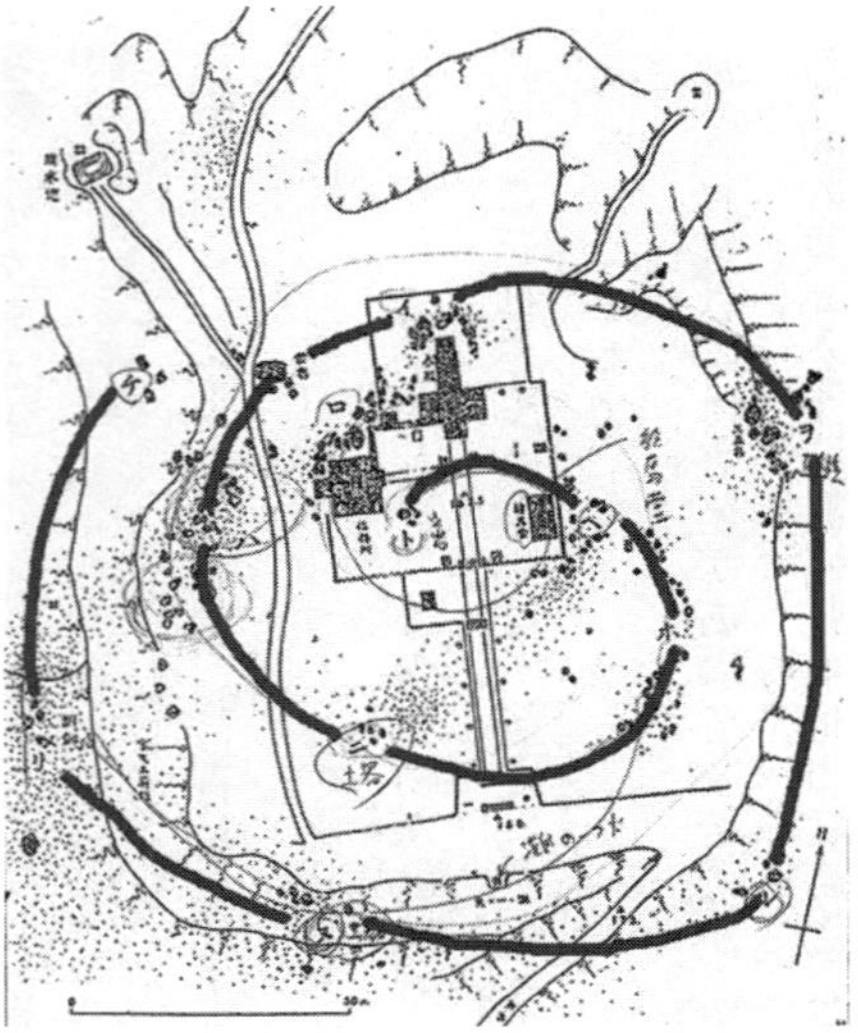

磐座が渦のように配置されている！

ここの御祭神はスサノヲ命ですが、椎根津彦命《シイネツヒコ》が合祀されています。椎根津彦は神武天皇を亀に乗って助けた漁師、珍彦《ウズヒコ》と言い、亀に乗った姿が浦島太郎と重なります。

保久良神社の鳥居の前には亀に乗った珍彦の像があり、また珍彦の磐座《いわくら》は保久良神社へと登る坂の途中にあります。私は最初気がつかなかったのですが、道を間違えた

保久良神社正面にある椎根津彦命

ことに気がついて登り直したら、珍生岩《うづなりいわ》という看板が少し下がったところにありました。

それを見たときに、コノハナサクヤヒメのマークを思い出し、「あ、ここにあったんだ」と、びっくりしました。そして、保久良神社の表に近づいたら亀に乗った珍彦像があったので、ここに山彦とコノハナサクヤヒメの存在を確信しました。保久良神社は富士山とつながっているのですが、そのことは富士山のところで説明したいと思います。

境内には立岩《タテイワ》があります。アメノトコタチ、クニトコタチという2神の御名前の中にもタチ（立）が入っていますね。その立ち上がる龍のエネルギーもこのタテイワから出ています。

【越智】保久良神社で大事なところをまとめてみましょう。

金鳥山の近くにあって、渦巻きの磐座が残されていて、そこの御祭神というのがスサノヲノミコトで、合祀されている御祭神が、椎根津彦という青亀に乗った浦島太郎。そういう全体を見ると、ここがかつてのカタカムナ神社ではなかったかということですね。

【吉野】保久良というのは弥生時代以降、神社が武器庫の役割をしていたという説があり、食べ物だけでなく槍とか刀を保つ倉として機能していたことがあったらしいのです。そういうときに名づけられたのかもしれません。兵庫という県名も同じです。

磐座はもっと前の時代からそこにあったわけで、その磐座がカタカムナ神社と言われていたのではないかなと私は思っています。その立岩のところで何気なく撮った写真に不思議な光が写り、それが最初のメッセージとして謎解きが始まりました。この2枚は、立岩で私と乾さんという方が同時に撮った写真ですが、この2枚からエネルギーの動きがよくわかりました（口絵参照・ピンク光が乾さん撮影）。

芦屋神社

【越智】アシア族がカタカムナを活用していたと言われていますが、そこの拠点が芦屋神社ではないでしょうか。私たちはこちらの社務所で2回、言霊ワークと講演会をしたことがありますね。倭姫の衣裳でカタカムナと言霊の話をしました。

本堂手前の左手にご神木があります。この木のエネルギーもすばらしいです。さらに水の神様が祀られていますが、これは龍神さまですね。

アシア

【思念】 生命の示しを感じるモノ

【数霊】 18（ア）＋23（シ）＋18（ア）＝59　5＋9＝14　核・カタカムナ

磐座には磐座のネットワークというのがあります。岩同士共鳴しているのです。私は岩とも会話しますので話を聞くと、岩というのは2次元世界です。だから断層があり、地震とかでパッと割れるのですね。そういうもろさがありますが、だからこそとても思い切りがいいのです。パン！と割れる、そういう面を持っています。だから「お面で甲山」です。ちょっとギャグを（笑）。

この辺一帯に88か所もある磐座が甲山に向かって広がっています。ひとつの結界だと思うのですが、すごいパワースポットです。磐座ネットワークというのがあると思うのは、エネルギーがずっとつながっていて、ひとつの磐座へ行くと、その磐座のグループというか、ネットワークのエネルギーをいただけるのです。これはお得です。

磐座の周りで一緒に行った人と手をつないでヒフミウタを歌ったら、岩が喜びました。パワースポットというのはその場所からエネルギーをいただくだけではなくて、じつは私たちもエネルギーを入れることができます。

エネルギーというのは、愛と同じですからやはり循環するのです。一方的にもらうのではなくて、感謝でエネルギーを返していく必要があります。エネルギーはめぐることでさらに流れるからです。

西宮の越木岩《こしきいわ》神社も芦屋の近くですが、巨大な磐座がいっぱいあり、やはり甲山グループですね。その中でもダントツは六甲比命大善神でしょう。

私が芦屋神社に行って、そこで講演会をさせていただいたのも白龍の導きでしたが、次の六甲比命大善神に初めて行くときも、那覇空港から巨大な白龍がエスコートしてくれました。やはり瀬織津姫様にとっての白龍というのは、それこそ倭姫様が白龍に乗って現れたように、乗り船でもあり保護者でもあるようです。

瀬織津姫とつながる六甲比命大善神《ろっこうひめだいぜんじん》

【越智】ここは最近知られるようになった瀬織津姫の磐座で、巨大なウサギの形をした磐座をはじめいくつもの磐座が点在しています。急な階段を上がったところには小さな社殿があり、その奥には磐座があり、それを祀っています。瀬織津姫につながる人々が自然に訪れるようです。
なかなか行きづらいところですが、何かを感じる方にはお参りすることをお勧めします。瀬織津姫はカタカムナを守ってきた女神とされていますが、持統天皇によって封印されてきたという経緯があり、カタカムナもまた封印されてきました。これから共に表に出て活躍するときが来ています（口絵参照）。

ロッコウヒメ　ダイゼン・ジン
【数霊】１４０　カタカムナ（核）そのもの
【住所】〒657-0101　兵庫県神戸市灘区六甲山町北六甲

廣田神社は瀬織津姫のお住まい

【越智】廣田神社の御祭神は天照大御神之荒御魂ですが、それは瀬織津姫様のことです。男神だった天照大御神が亡くなられるときに、そのお妃さまの瀬織津姫様に「西宮に行って、そこを治めなさい」と遺言を残され、瀬織津姫様は今の廣田神社に住まわれ治められたと言います。

ヒロタ・ジンジャ
【思念】根元から出入りする空間が分かれる（マガタマ）
【数霊】78　1（ヒ）＋34（ロ）＋26（タ）＋17（ジンジャ）　調和して離れるモノ
【住所】〒662‐0867　兵庫県西宮市大社町7‐7

春には小さなピンクの優しいツツジ、コバノミツバツツジが咲いて、とても美しいです。松の木もあり、松の花が黄金色でびっくりしました。

松ぼっくりは手に持っただけで、松果体を活性化します。直感やインスピレーションが冴えてきますのでおすすめです。

松ぼっくりを廣田神社でヒロッタらいかが？

廣田神社

ツキサカキ・イツノミタマ・アマガサル・ムカツヒメ

【数霊】155＋104＋39＋93＝391
（突き貫くものが根源から出る）

【吉野】廣田神社の御祭神の名前はツキサカキ・イツノミタマ・アマガサル・ムカツヒメですが、瀬織津姫の正式名と言われています。瀬織津姫は一般に天照大御神の荒御魂と言われ、撞賢木厳之御魂天疎向津媛命と書きます。

ツキサカキ　イツノミタマ　アマサガル　ムカツヒメを読み解くと、ツキサカキというのは下に向かって生えている木（逆木＝榊）ですが、これはカバラの生命の樹のことです。

また生命の樹というのは聖杯であり、ブラックホールを表しています。

イツノミタマというのは、ここがねじれて小さくなって、ものすごく圧力がかかってきて、突き破るエネルギーが逆渦を作り循環していくことで、まさしくカタカムナのゼロ空間を指しているのです。お名前は榊の厳しい御霊で、そこにある魂のことになります。

これは2次元の膜、宇宙のアマというところから、だんだん下がっていくところで、それをアマサガルと呼んでいて、アマが疎くなる、遠くなっていくことです。アマから降りてくる聖杯を意味しています。

ムカツヒメというのは、集まるところに向かっていくという意味ですが、ムカツとは六芒星のマカバの力が集まるという意味でもあります。それを秘めた命というのは、まさしくVの字の聖杯のことです。西洋でいえば聖母マリアのことですね。

神様というのはエネルギーですから、名前が違っても同じものを表しています。それがムカツヒメと呼ばれたり、瀬織津姫と呼ばれたり、六甲比命大善神と呼ばれたりしています。それが廣田神社の御神体なのは、昔は廣田神社がここの六甲比命大善神まで全部を管理していたからでしょう。

ここでわかったことは、御神名のツキサカキ　イツノミタマが瀬織津姫で、六甲比命大善神が奥宮になって、カタカムナをそこに隠したと言われていることです。六甲比命大善神の数霊はなんと１４０で「カタカムナ（核）そのもの」となりますね。そこからのメッセージが今、光によっていろいろ出されてきています。

磐座《いわくら》の越木岩《こしきいわ》神社

【越智】越木岩神社は磐座の入門としては最適な場所です。

途中に京都にある貴船神社とつながっている小さな祠があって、その下は木がねじれた異空間の場所です。龍が通る道にもなっていてゼロ磁場です。ねじれた大きな木がリクエストするので、その木に登ってみたら、白龍が登ってくるのが感じられて、龍の道だということがわかりました。少し上の方に京都の貴船神社つながる白龍神社の小さな祠がありました。感覚的なもので触れたり、視点を変えてみたり、直感で動いてみると、こんなふうに感じられることがあります。

頂上まで行くと、いくつかの磐座がお互いを支え合って、甲山に向き合っています。どちらを向いても磐座で、そのエネルギーはまさにカタカムナのように渦を巻いています。波動が高く、次元が違っていました。磐座を降りてきたら白龍が勧めてくれた湧水も飲んでみましょう。

コシキイワ

【数霊】 80　離れるモノそのモノ（龍のエネルギー）

【住所】 〒662-0092　兵庫県西宮市甑岩町5-4

【吉野】 住所の甑岩（町）という地名はめずらしいですが、鹿児島にも甑島《こしきじま》という島があり、「甑岩大明神」という盤座が海の上に祀られています。私は越木岩神社の盤座や境内の相撲の土俵を見たとき、ここは隼人の人たちが移り住んでいたのではないかと直感しました。古代の火山噴火で大地が海に沈下し島となった甑島の隼人たちが六甲のこのあたりに移り住んだのではないでしょうか。六甲にカタカムナが伝わった経緯《いきさつ》には火山噴火がかかわっているのだと思います。

富士山は思いのピラミッド

【吉野】保久良神社で撮った写真に、目と富士山が写っていたことに導かれて、次は富士山へ行きました。

富士山は日本の象徴でもあります。みなさんもその美しい姿を拝するたびに心が洗われ、神聖な思いを抱くでしょう。その富士山を読み解くことで、そこに秘められていたことが明らかになります。

『日月神示』の上つ巻第5帖にこう書かれています。

「富士とは⦿の山のことぞ。神の山はみな富士（二二）といふのぞ。見晴らし台とは身を張らすとこぞ、身を張らすとは、身のなかを神にて張ることぞ。臣民の身の中に一杯に⦿の力を張らすことぞ。大庭《おおにわ》の富士を探して見よ、⦿の米が出て来るから、それを大切にせよ。富士を開くとは心に⦿を満たすことぞ。ひむかとは神を迎えることぞ、ひむかはその使ひぞ。ひむかは神の使ひざから、九の道を早う開ひて呉れよ、早う伝へて呉れよ」

カタカムナのフトマニ（草薙剣）に、ピラミッドの富士山が現れるのですが、そのフトマニから出てくる正八面体のエネルギーのことを富士山と言い、二二と書きます。二というのは数霊では振動のことですから、そこから振動が出ています。言霊、命の振動、心の振動が出ているのです。

ですから私たちの心の中にも富士山はあるということです。「富士は晴れたり日本晴れ」というのは、晴れたエネルギーを出し、心の中を晴らすことが大事だと言っています。

【越智】 富士山は日本の最高峰であり、その優美な風貌は日本の象徴とされて親しまれています。私も富士山を見るたび、神聖な気持ちになります。また浅間大神が鎮座すると言われ、古来から霊峰として崇められてきたその理由もよくわかります。２０１３年には世界遺産となり、海外からも多くの人がここを訪れていますね。東京から沖縄に帰る飛行機の中から美しい雪景色の富士山が撮れました（口絵参照）。

富士山５合目にある小御嶽神社《こみたけ》

【越智】小御嶽神社は富士山の頂上の真下の洞穴につながっている、富士山の中心からエネルギーを感じるところです。信子先生はコノハナサクヤヒメと言っていますが、私は中心の軸とつながっていくので、イワナガヒメを感じました。

コミタケ

【数霊】 80　16（コ）＋3（ミ）＋26（タ）＋35（ケ）離れるそのもの（龍のエネルギー）

80というのは、8の0で八咫鏡も示す

【住所】 〒403-0005 山梨県富士吉田市上吉田小御岳下5617

【吉野】 ここにはイワナガヒメもいらっしゃいます。コノハナサクヤヒメが浅間神社に祀られるようになった物語は、富士山を治めるためでした。本当はアタツヒメ、隼人の姫だったのですが、オオヤマツミから富士山の噴火を治めるようにと言われてきました。その頂上から火口にイワナガヒメが見えたので、「ああ、お姉様！」と叫んで、その火口に飛び込んで富士山の噴火を鎮火したというので、浅間様、大神として祀られるようになったと言われています。

ですから中にはイワナガヒメがいます。そして浅間《せんげん》神社というのは、神をわかった者は宣言《せんげん》しなさいと言っているのです。

古事記の中には神様の名前がたくさん出てきますが、本当のことはまだ伝わっていません。けれどそれを宣言するときに、その機能が発揮されるのです。

八咫鏡が表す数字

【吉野】小御嶽神社の数霊が80というのは八咫鏡を表していますが、それが表す世界は、円の周囲にある1から8までの数字です。9は転がって中に入り、その円の中で統合して10になります。⊕ですね。9と10は円の中に三角形を作り、マイナスの9と10で逆三角形を作り、それが重なって真ん中で六芒星ができます。

9と10は、「そういうことよ」の「コト」です。そのコトがメビウスで反対になって、10、9と出てくるのを「トコ」と言います。それが出てくる世界を「常世《トコヨ》の国」と言います。そこから出てくるのが「クニトコタチ」つまり艮《うしとら》の金神です。

外側の80はヘビを表し、そのヘビが外側から根源へ、9・10となって入っていきます。（次頁の図と合わせて要確認）

【越智】この蛇は、頭が尻尾をかんでいるのでウロボロスですね。反転しているとそれをメビウスとも言います。

【吉野】ヒフミ九九算表では「ウロボロスのヘビ」と言って、012345678の数しか出てきません。9＝0になります。これがウロボロスのヘビであり、八咫鏡のことです。

ヘビが外側から根源へと入るときに、球体の周りを回って渦になって、9、10と、2つの渦が統合するときに中に入る龍になります。下がる龍ですね。それが中に入って、9、0と統合したときに反転を起こして10、9になると、今度は新しい現象を起こし、常世の国になるのです。

それは「エデンの園」で、イブがヘビにそそのかされて中に入っていき、リンゴをかじって外に追い出されたという話とも重なります。リンゴという球体は真実を表しているので、それを食べて中心に心を持つ自分が神であることを知られてはまずいので、リンゴは食べてはいけなかったのでしょう。

【越智】リンゴはトーラスの象徴ですし、地球でもありますが、究極の真実を表して

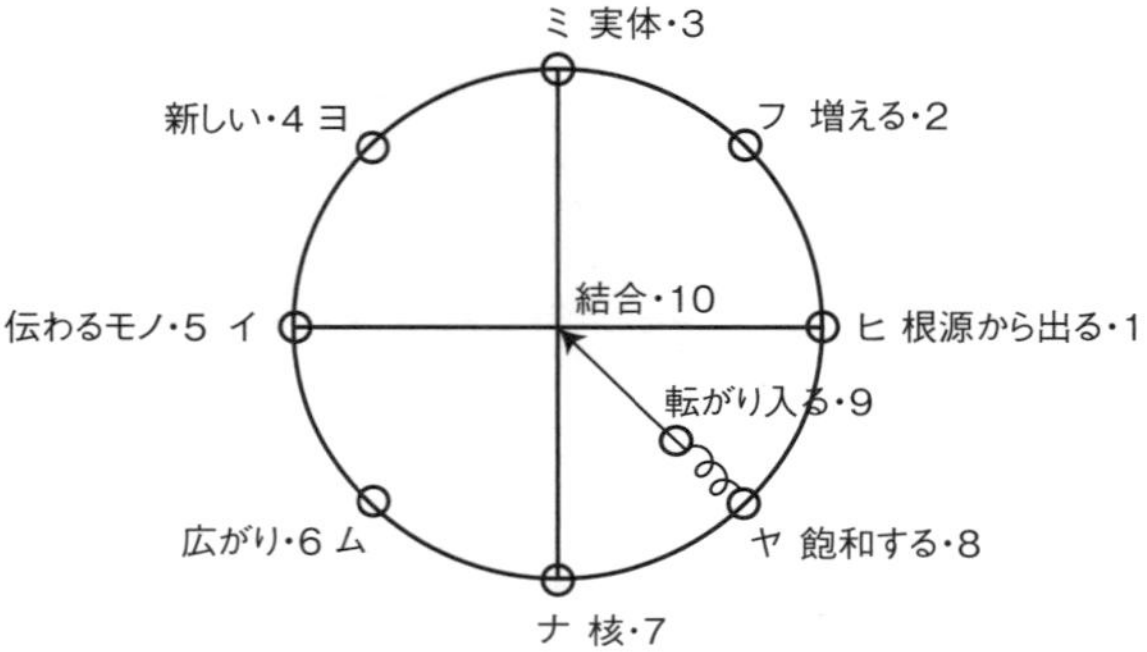

いるものです。両手を伸ばして外側に回しながら体をゆっくりと回転させると自然にトーラスの形になります。私たちの肉体も地球もリンゴのような星です。まさにリンゴはスターなのです。

[吉野] 小御獄の小というのはカタカムナの中心にある正八面体（スクナヒコナ）を表すピラミッドでした（そして大という字は五芒星を表しています）。

トーラスを表すリンゴをさまざまな角度から見ると、横に2分するとその芯は五芒星になり、その中の大という字が大己貴命を、縦に2分すると芯は正八面体になり、その中の少という字が少彦名を表すことから、構造が読み解けます。

その穴が開いて、ここから太陽が光を出します。

これはスクナヒコナ（少彦名）とオオナムチ（大己貴命）＝大国主命が国づくりをしたという古事記に書かれている話とも重なってきます。最後に、小御嶽を破字にすると、小（正八面体）の御（３＝光）の嶽（山にいる犭《けもの》）が言う私は犬（山犬＝狼＝大神）だと、言っていることになります。山犬とは狼のことです。つまり大御神を祀っているのです。そして小御嶽神社の御祀神は「磐長姫」です。境内には日本武尊も祀られていました。まさにカタカムナで柱を立て、甦えられた神々です。

根源につながる人穴浅間神社

ヒトアナセンゲンジンジャ
【思念】
【数霊】50＋97＋17＝164　転がり出入りする陽
【住所】〒418‐0102　静岡県富士宮市人穴206

【吉野】 私は富士山に行くという前日になぜか「穴に入れ、富士の穴に入れ」と声が聞こえていました。富士山の穴とは何のことだろうと思って調べたら、人穴にコノハナサクヤヒメを祀る浅間神社があったので、ここに行くことにしたのです。

そこの参道の階段は、『日月神示』の富士の仕組みにある222と2段ずつになっていました。また入口の門には、保久良神社の珍彦を思わせる「山」形マークと「三」のマークがありました。珍彦とは山彦のことでコノハナサクヤヒメの息子です。ですから保久良神社の珍彦の磐座ともやはりつながっているのですね。そこには珍彦の「王」という字がありました。

王というのは、山彦（珍彦）が大和の朝廷につながったということであり、コノハナサクヤヒメが天皇と結婚していたので、彼の名に王がついたのでしょう。王は「琉球」を表わしています。

人穴の穴には入れませんので、資料によると、穴の奥には2つの文字が刻まれているそうです。ひとつは「一心」ですが、それはカタカムナの空間を表しています。

一心とは2つではない、ひとつになっているところ、統合したところです。数霊は120です。

もうひとつの字は「御内院開闢」ですが、数霊を計算すると111になります。合計数は231で、愛（I）が根源から出る。つまり「私の生命（I）が生まれる」という意味になります。

イッシン
【数霊】１２０　止まるゼロ点の空間

ゴナイイン・カイビャク
【思念】転がり出る核に伝わる陰のチカラが伝わり根元から出されるモノが飽和して引き寄る（反転を起こす）
【数霊】１１１

ここから111の光が出るのだということがわかりましたので、ここでカタカムナ宣言をすることにしました。

私はこの瑠璃さんの描いた絵を現象化するために富士山に来たのです（口絵参照）。

そこではアマテラスは右手に桜の枝を持ち、左手に銀の鏡を持っていますから、コノハナサクヤヒメとイワナガヒメが一体となって、富士山から龍に乗って出ています。「イワナガヒメ」＋「コノハナサクヤヒメ」で永遠循環をもつ天照大御神となり、天照の荒御魂である「セヲリツヒメ」、そして石垣島の「イリキヤアマリ」も同一神であると読み解けました（口絵参照）。

ですから、ここで瑠璃さんの絵の「アマテラス」を現象化する宣言をしました。

【越智】ここは富士山の頂上の真下の洞穴につながっていて、富士山の中心からのエネルギーを感じるところです。ここから反対側の東口本宮富士浅間神社まで24キロあり、12キロがちょうど富士山の真下になります。人穴は90メートルあり、北緯35度21分にあたります。なぜ浅間をセンゲンと読ませるのか。それはカタカムナ根元神を宣言するところだからだったのですね。

地球を愛し貫く闘いの開始を宣言

[吉野] 私たちが「世界」というとき、それは地球の全表面を指します。カタカムナとは地球の核のことで、地球の全表面は、地球内部のカタカムナから生まれ出ているのです。

地球の表面（葦原中国《あしはらのなかつくに》）（高天原とネノカタス国の間にある世界）を平和にする闘いは、地球内部を貫き、すべてを愛し貫く循環するエネルギーからこそ生まれ出るはずです。この内側から湧き出て地球をひとつに包み込む思いこそが、日本の「大和魂」の本当の意味なのです。

地球を、自分自身の生命を生み出してくれた「母なる子宮」と見て、報恩と感謝の思いで愛し貫き、それを全世界に広げていく闘いがどうしても必要です。

この愛のエネルギーは、地球表面から、やがては地球内部のカタカムナに届き、循環し始めます。すると地球のカタカムナは、終わりのない深い愛に目覚め、核融合によって、生命の輝きに溢れたエネルギーを産み出し始めるでしょう。そのとき初めて、地球のあらゆる場所で、生きている喜びの歌が鳴り響くでしょう。地球の平和は、神を心に抱き、地球を愛し貫く人間の愛の力によってのみ可能なのです。

カタカムナ宣言

本日、富士山、人穴浅間《アサマ》から生まれ出る、「生命の根源」である0、1、11、111の「ヒ」の御魂、「イワナガヒメ」の神様に宣言します。

1　地球の生命の「カナメ」として封印され続けているカタカムナの神「タケハヤスサノヲの命」こそが、地球の平和を産み出す「カ」の根源である「ナ」と「メ」の神であるコト。

2　「ツキサカキ　イツノミタマ　アマサガル　ムカツヒメ」様が、地球生命を産み出す聖杯（V）であり、

3　天照大御神、月読命が、「生命の光」4と5の言霊そのものであるコト。そしてその2つの陰陽は「不二」（富士）であるコト。

4　2つを統合した「九」の神である「コノハナサクヤヒメ」、そして「1」の神「イワナガヒメ」の言霊のお力が「ヒコホホデミの命（＝日本《ヤマト》）となり、トヨタマヒメの龍神「ン」のお力によって、地球に渦を巻いているコト。
5　そのすべてのお力によって、中心に生まれ出た生命の柱が「大己貴命　オオナムヂノミコト（＝大国主命）」＝自分自身の生命であるコト。
6　その生命の渦を産み出す核への「凝縮」が「スクナヒコナ」の神であり、
7　それらをつかさどるすべての理（コトワリ）が、「九九理姫《ククリヒメ》」の神であることを知りました。
8　故に私たちは今、カタカムナの時代に生きた「魂」を呼び起こし、神なる吾の意識で、世界平和を「愛」と「真」をもって実現することを誓います。
　2016年9月9日の地球の日に富士山、人穴浅間神社にて

　富士浅間の神に、それらのことを宣言し終わったとき、ちょうど日差しがパーッと降り注いできて、光があふれました。

　それで今度は東の不二（2つではない山、統合したひとつの山）へ行けと言われて、

そこへ行きました。

不思議なことに山彦といえば、釣り針をなくしたことが原因で海彦と仲違いしたのですが、10日後の9月19日のニュースは、「2万3000年前の古代の釣り針が沖縄で見つかった」と報道されましたね。これも本当に不思議です。

東口本宮富士浅間神社

[吉野] 神社の入り口近くに、信しげの滝という名の滝が流れていて、とても懐かしい思いがするので写真を撮りました。東口本宮富士浅間神社とも呼ばれる富士浅間神社にある小さな滝です。かつては富士講の信者が神社を詣でる際に、滝壺の水で身を清めたという滝でした。

そうしたらなぜか設定していないにもかかわらず、その写真が私の携帯の待ち受け画面としてに何度も出てくるのです。

私の名前は信子だから、何か関係があるのかしらと考えて調べてみると、信しげの滝というのは昔、富士山が噴火したとき、この一帯はすごい被害を受け、信しげさんがリーダーシップをとってみんなを避難させたそうです。それを記念してその名前を滝につけたそうです。そのときここにいた人は火炭で誰一人咳をしないものはいなかったということでした。

じつは私は、その半年間咳が止まらなくて大変だったのです。そのとき、ああ、それで私も咳が続いていたのだなと思った途端、６か月間続いていた咳が止まりました。この世界はなんだかよくわかりません。

私が行きなさいと言われたのが、東口浅間神社と人穴浅間神社、そして富士山の小御嶽でしたが、ここが十字になっているのです。１片が12キロずつの十字になっていて、北口と東口の24キロを結ぶと、その真ん中のところの５合目に小御嶽神社があります。

[越智] 私が行ったのは北口浅間神社でした。北口のほうが大きくて有名なのですね。またコノハナサクヤヒメがお産したところと言われた胎内樹型にも行きました。すご

く細い穴に入っていったのです。

【吉野】お産したところというのは隼人のところもあるし、高千穂のところもあるし、いっぱいあるのですけれど、エネルギーがそこで全部つながっているのでしょうね。

終章

FINAL CHAPTER

思いが現象化するということ

異なる2つのものをひとつにする

［越智］これまで私たちが訪れた聖地は地域別に記しましたので、時間が前後していて、流れがつかみにくかったかもしれません。そこで、ここではもう一度、時間を追って、どうしてそこへ行くことになったのか、その思いと現象を確認しておきたいと思います。

次々と思いが現実化していくことや、いかにカタカムナの読み解きでわかってくる真実に間違いがないかということが実感されると思います。

序章のところで吉野先生もお話ししてくださいましたが、「私」とは何か、日本とは何か、それを知るためには必要な愛と真《まこと》を携えて私たちは旅を続けています。

私とは、ワ＝○　タ＝分れる　シ＝示し（輪が分かれた示し）つまり、「陰陽の示し」を意味しています。

さらに陰陽とは、イン＝In（私とin）ヨウ＝you（陽）

In you（私があなたの中にいる）＋you In（あなたが私の中にいる）という究極の意味になります。

この2つの意味をつなげている＋がカタカムナですね。つまり、〇（球体）と＋（ナ）です。

カタカムナ＝〇＋＝あなたと私はつながっている
あなたが私に入ってきて、私があなたに入っている

そんな感じです。

凸（私の陽）は、凹（あなたの陰）へ、凸（あなたの陽）は、凹（私の陰）へ、私たちのエネルギーは互いにマグあっているのです。「あなた」は、じつは「私」なのですね。

「君の名は？」と聞いたとき、その答えは「あなたの中にいる私」。また相手が「君の名は？」と聞き返すと、答えは「私の中にいるあなた」という答えが正解なのだと思います。

私が大好きな大ヒットアニメ映画『君の名は。』の瀧《たき》と三葉《みつは》は、お互いの身体と時間が入れ替わったのは、そのためでした。作者がこのカタカムナの真理を理解していたのかどうかは不明ですが、この真理が、世に出る時期がきているのでしょう。これを世界の常識にすること、それがカタカムナの目的のひとつです。

2つの異なるものがつながりひとつになれば、そこに新しい命の種ができ、そこから新しい生命が生まれます。2つの異なるもの、あなたと私、内宮と外宮、西洋と東洋、キリストと天照大御神、スサノヲと天照、海彦と山彦、コノハナサクヤヒメとイワナガヒメ、沖縄と本土、善と悪、神と悪魔、闇と光、喜びと悲しみ、チャンスとピンチ、すべての異なる2つのものが、じつは表裏一体だったことを感じることが大切なのです。

自分を否定すれば、相手も否定することになり、相手を否定すれば、自分も否定される世界です。共存共栄しかありません。それを沖縄の言葉では「ユイマール」と言うのです。

マールは「○だ」という意味でもあります。「あなた（You）と私（I）は○だ！」となり、その姿はまさに陰陽統合ですね。それを知ることが、世界平和への始まりの第一歩です。

数霊で計算すると、

「あなたの中にいる私」＝222　「私の中にいるあなた」＝222

222は、カタカムナで読むとじつは「人間」という意味であり、「ニニギノミコト」であり「大日如来」という意味になります。

2017年1月11日に、「私が光を抱いて、反転を起こすとき、私の光はあなたの世界を輝きで包む」というテーマで、吉野先生は伊勢で、私は沖縄で御神事をしました。愛と真をもって。その真（まこと）という字を分解してみると、

＋（プラス）目（メ＝×）ー（マイナス）＝（八）ー（マイナス）

つまり、真とはマイナスを表していることになります。

マイナスとは陰のことですね。

この現象世界は陰（かげ）だと言っているのです。ものごとは裏表で成り立っていますから、本当のことはプラスの潜象世界（陽）にあることになります。この世は陰

と陽、現象界と潜象界が循環して成り立っていますから、心で思うこと（陽）がそのまま現象化（陰）していきます。

私たちが行く先々で祈りをし、宣言をしてきたのは、それを現象化するためだったのです。

旅の始まりは鏡づくりから

◎2015年10月10日　海の舞の竣工式に鏡を贈る

【吉野】聖地巡礼の旅の始まりは、瑠璃さんの絵にある瀬織津姫と天照がつけていた鏡を作ることから始まりました。海の舞竣工式のお祝いに、瑠璃さんの絵にあった鏡の入った首飾りを作って、琉球のお2人に贈ったのです。その鏡の裏にはフィボナッチとひふみ九九算表がレーザーで彫り込んであります。

この鏡を作ったことから、いろいろな不思議なことが次々と起こり始めました。光のメッセージはよく写真に写り込みましたし、瑠璃さんの描く絵にも導かれました。

◎2015年10月19日　六甲比命大善神参拝

初めて訪れた六甲比命大善神にも、瑠璃さんの瀬織津姫と天照の同じ絵が飾られていました。ただ背景は海ではなく、桜の咲く山でした。このとき撮った六甲比命大善神の祭壇には、2個の白い玉がお供えされていました。ふだんは置かれていないものだとわかり、では、それは何だったのか考え始めます。

◎2016年3月3日　瀬織津姫のお誕生祭

3月3日は子宮の日です。3×3＝9で球、子宮を表しています。そこでカタカムナを学ぶ仲間たちと一緒に、六甲比命大善神で瀬織津姫様のお誕生祭をしました。みんなでお掃除をすると、前回あった2つの白い球はなく、今度は六角形のものと松ぼっくりが祭壇に置いてありました。

六甲比命大善神の巨大な磐座はウサギの形だと言われていますが、ウサギとは卵子を意味します。ここが女性器だとすると、あの2つの白い玉は精子だなとそのとき思いました。けれど、なぜ2つあるのか。

卯（ウサギ）というのは、卵の中の2つの点点がない字です。2つの精子がこの卯に入ると、卵（有精卵）になって生まれてくるのだと読み解くことができました。ですから写真に写っていた2つの白いものは「命を生み出せ！」というメッセージだと受け取りました。

そのとき置かれていた六角形はといえば、6は「マ」で六芒星を表し、子宮を表し、松ぼっくりは松果体を表しています。

その日は、お誕生日と桃の節句を祝って桃の花をお供えしました。そしてお祝いの言葉を参加者たちと唱和しました。するときれいな光が入ってきたので、わあ、きれいと思って写真を撮ったら、その光は消えて、3本柱の光が写りました。それはオーブでORIN（オリン）と読め、その意味は「奥深くを離れる」で、生れる生命または言霊のことを表しています。また参加者の1人の写真にはピラミッドに目のようなマークが書かれた光が映っていました（口絵参照）。これはまだ読み解けていません。

◎2016年5月9日鏡開きの儀

伊地ヨン氏と啓子先生が、鏡をつけて六甲比命大善神に初めて参拝し、鏡開きの儀を行いました。じつは5月9日の5と9は、カタカムナの日に入る数字でした。2つの鏡には白と黒、そして不思議な紋様が映り込んでいました。そこにはまるでブラックホールとホワイトホールが映り込んでいるようでした。

2個の精子をいただく

◎6月21日夏至の日、上島《かみじま》に上陸

【吉野】瀬戸内海にある上島という小さな島は、精子の形霊をしています。そこで平和の御子の精子（神の精子）2個と松ぼっくりをいただきにこの島に行くことにしました。とはいえこの島は無人島で、しかも大本教所有の島ですから、正式に許可を得て船をチャーターし、6名で上陸しました。

船に乗り込むとき、「出口王仁三郎さんが煙草を持ってきてくれと言っています」と、元巫女さんに言われたので、何の煙草を吸っていたのかネットで調べると、「敷島」を愛用していたことがわかりました。それはもうないので、代わりに「メビウス」という煙草を持っていき、線香代わりにみんなで1本ずつ火をつけて供えました。すると帰りがけに王仁三郎さんが「よう来たな。ありがとう」と言って出てこられました。喜んでいただけたようです。そこで儀式をして上島の神に誓う宣言をしました。そして1人1人が誓ったその言葉を上島の大地に埋めました。それから海岸に落ちていた白い石を2個、精子としていただき、松ぼっくりをひとついただいてきました。

それを六甲比命大善神にお供えして統合の儀式を行うことにしたのです。

高御位山で統合祭が始まる

◎2016年7月4日　高御位で統合の儀の始まりを告げる

[吉野] 統合をするためには、まず、高御位山の中心につながっておかなければとい

うことで、この日はみんなで兵庫県の加古川市と高砂市の境にある高御位山に登って祈ることになっていたのですが、私はこの日の早朝、母が亡くなったために行けず、急遽仲間たちにお願いしました。

この高御位は九鬼文書《くかみもんじょ》という古文書が出たところです。九の鬼と書いてクカミと読みます。そういう由緒正しいところです。その前の節分の日に私は行ったのですが、途中巨大な亀石があって、そこから山頂に登っていきました。登るのが大変でしたが、山頂からはすばらしい景色が一望できました。

そこに天乃《あまの》御柱《みはしら》　天壇《てんだん》というのがあります。天につながる穴の開いた中心のことを天壇と言うそうです。中国や台湾にはありますが、日本では見かけません。その裏には世界平和と書かれています。また「天君再臨　霊界粛清」と書いてありました。天君が再臨して霊界が粛清されるという意味です。天君とはカナカムナで読み解くと女性です。

私はここにつながるために導かれたのですが、そのときはその意味がよくわかりませんでした。のちにわかったことは、ここと世界平和を祈る場として、沖縄の平和祈念堂はつながっていました。沖縄の平和祈念堂も観音様が置かれているところは天壇になっていました。天井には七角形の穴が開いていて人工の星が見えるのです。

私はそこにいる人たちに、「じつはここ高御位山というのは、この球体の99の琉球と66の六甲がつながって、天皇が立つところなのです。だからここはカタカムナというところなのです」と説明しました。そして「ここから世界を平和にする祈りを今から始めますので、よかったら一緒にヒフミのウタを歌ってください」と、歌詞を書いた紙を渡しました。最後に、人数確認のため「番号！」と言って人数を数えたら、なんと48人、日本語48音の数でした。

球体というのは6と9、六甲と琉球がねじれてつながっていて、その真ん中が3の高御位山になっていて、ここにつながっているので、天皇が座るところをタカミクラというのですね。命の中心です。じつは天皇とは命のシステムのことを象徴するものなのです。それがどれほど尊いのかということを表現しています。

そこに、たまたまいらした中山博先生が「あわうた」を歌ってくださって、お告げとして絵を降ろし、それを私に読み解くようにと託されました。それから後日、沖縄平和祈念堂に行くのですが、その絵に描かれていた場所がそこであったことがわかり、高御位山は沖縄の平和祈念堂とつながっていたことがそのときわかったのです。

◎2016年7月7日　六甲比命大善神で統合の儀

上島から持ち帰った2個（双子だという啓示あり）の白い石と松ぼっくりを六甲比命大善神のセヲリツヒメの磐座に供えて、卵子と統合する儀式を仲間たちと行いました。参加者全員で何度も、何度もこの言葉を唱えました。

平和の御子よ、お生まれください！
平和の御子よ、お出ましください！
平和の御子よ、世界をお包みください！

すると、祈りの終了と同時に、上島からいただいてきた松ぼっくりが自然着火して燃え上がりました！　あわてて消したのですが、そのとき統合されたことを確信しました。

◎2016年8月8日

天皇譲位のお言葉が発表されました。

◎2016年9月9日
富士山で岩戸開きを行いました。

ヤマトタケルとイワナガヒメの再誕の儀を行う

◎2016年10月10日　ヤマトタケル・イワナガヒメ再誕式
【吉野】保久良神社にてヤマトタケル、イワナガヒメの再誕の儀式を行いました。なぜ保久良神社でそれを行ったかというと、2014年11月23日に初めてここを訪れたとき、磐座の中心にある立岩で写真を撮ったら、1枚にはカタカムナの目が写り、もう1枚には富士山が写り込み、この光とつながったことから行く先々で、イワナガヒメとヤマトタケルが出てくるようになりました。そのためお2人の誕生を正式に願う儀式を保久良神社で行いました。

「ヲ（奥に出現する）」と付けられた三交岩《さんごいわ》の磐座には3つの交わる岩があります。大きな岩がスサノヲ、その次の岩がセヲリツヒメ、そして小さいのが子供を表す磐座です。ここで出産の儀式をすることにしました。

石垣島で分けていただいたミンサー織りの糸を前日、仲間たちに渡して、それでへその緒を作ってもらうようお願いしました。みんなは徹夜でその糸をよって三つ編みにし、長いへその緒を作ってくれました。当日はその紐で三交岩のセヲリツヒメとヤマトタケル、イワナガヒメをつないで祈り、へその緒を切断する儀式を行いました。

幾多の光に導かれて神話を現象化したのです。

中心のト（統合）の磐座から始まり、ロ（空間・光）の神生岩《カミナリイワ》で胎児が大きくなる儀式をし、ヲの三交岩で出産の儀式をしました。

のちに瑠璃さんがそれ以前に描いていた2枚の絵を見たのですが、この日私たちがやったことが、まさに2枚の絵に描かれていたのにはびっくりしました。

1枚の絵には、真っ白い衣装を着た官女と侍従たちが、生まれた赤ちゃんを川で産湯に使わせています。2枚目は、官女たちがセオリツヒメに赤ちゃんを手渡しているところの絵です。

私は前日、「どんな服を着てもいいのですか」と聞かれて、「出産だから白い服を着ましょう」と言っていたのですが、その絵の官女たちも白い着物を着ていました。さらに驚くのは、この仲間たちは自分たちのグループ名を「セヲリツヒメの官女たち」と名づけていたのです。本当に不思議です。瑠璃さんの絵はいつも私たちを導いたり、メッセージを示したりしてくれます。

三交岩のところで出産の儀を行ったときは、官女たちみんなで祈りながら、安産のかけ声をかけました。みんなの気持ちがひとつになったとき、美しい光が岩を照らし出しました。平和の御子ヤマトタケルとイワナガヒメが無事に生まれたのです。産着や命名書、花束などをお供えして、みんなが徹夜して作った長いへその緒を一人が代表して切断しました。その場は喜びと安らぎに包まれました。

胎盤が出てきたところは、岩がなくなって下に落ちているところでした。そこには鳥居があり、お母様の瀬織津姫様に感謝の祈りを捧げました。ここは伊勢の方角を示す遙拝所でした。

次は伊勢に行けということだと思い、翌年の1月11日に111の儀式を伊勢で行うことにしました。最後に「灘の一つ火」といわれる昔、灯台の役割を果たしてきたところに行き、お二人の開眼の儀を行いました。そして鳥居の前にいらっしゃる珍彦の像をギュッと抱きしめ、一人ずつカードを引いて無事出産の儀を終えることができました。

光の柱を立てる

◎2017年1月10日、11日に111の光の柱を立てる御神事

【吉野】1月10日はカタカムナの日、そして1月11日の光の反転の日に、約100名の仲間たちと一緒に、光を電離層の上まで立ち上げるために、真心（40）とまこと（39）で、反転を起こす儀式を行いました。（40＋39＝79　一つになる地球）

2017年1月11日というのは、「富士は晴れたり日本晴れ」という富士の仕組みが始まる年でした。

そういうときに伊勢神宮の内宮と外宮に行ったのです。このときのテーマは「私が光を抱いて反転を起こすとき、私の光はあなたを輝きで包む」でした。数霊は883で、「母の実体」と読めます。外宮で正式参拝をしたとき、誰かが私の写真を撮ってくれたのですが、そこには私から放たれた光が反転を起こして輝きだし、周りを包んでいるのが写っています。

10日は二見ヶ浦のホテルに集まって御神事の意図と行程を確認し、11日の朝は、二《ふた》見興玉《みおきたま》神社でお参りしてから出発しました。その日は夫婦岩の向こうに富士山がはっきり見える見事な日本晴れでした。

これまでカタカムナの中心には、三貴子（ウズノミハシラノミコ）が「目」をつくっていると言ってきました。伊勢神宮の内宮と外宮の境目にあたる部分には瞳（目）がありますが、天照大御神の荒魂を祀っているその大事な場所が、伊雑宮だということが直前になってわかりました。

そして伊雑宮は沖縄のミーヌシンとつながっていますから、この日、啓子先生たち36名はミーヌシンで一緒に祈ってくれました。そのほかにも、仲間たちが石垣島や宮古島、熊本、福岡の芦屋町、東京、北海道など全国で11時11分に祈り合わせをしてくれました。

内宮の裏手にある磐座では、磐笛奏者の大浦勝関さんが内宮磐座を呼び覚ます磐笛を吹いてくださり、また能楽師の井上和幸先生がお弟子さんたちと謡《うたい》と舞を披講してくださいました。

それからヤマトタケルが亡くなったと言われる白鳥塚古墳に移動し、そこにある加《か》佐《さ》登《と》神社でヤマトタケルとイワナガヒメが、内なる遮りを超え蘇る儀式を行いました。加佐登神社は、ヤマトタケルが最後に身につけていた傘と杖を御神体としています。ここでみんなで祈りを捧げ、「君が代」を斉唱したのです。

すべての儀式を終えてバスに乗ろうとしたとき、目の前を鳥の群れがVの字になって空を飛んでいきました。それはまさにVサインです。そしてバスに乗り込んだら、誰かがコンビニで買ってきた新聞を広げると、そのトップに「新天皇即位」の文字が出ていました。新しい天皇の蘇りを祈ったその直後のことです。

また翌日の新聞には、岡山県の津山市で、珍しい自然現象として「太陽柱確認」というニュースが写真とともに一面に報じられました。

羊は王になり、神になる

【越智】本当に次々と御神事を行い、いろいろなところをめぐってきましたね。行った先々で気づきがあり、次の場所へ行き、そしてそこでもまた次の発見がある。やはり導かれてきたとしか思えません。行きあたりばったりではなく、行きあたりバッチリ、です。

私が理事と講師を務めさせていただいているカタカムナ学校の校旗には、王の字が入ったカタカムナが描かれています。このマークは異なったものが統合し、そのエネルギーが球体となって発信することを表しています。これがカタカムナを象徴する図象ですが、これは大神島の学校の校旗からいただいたものです（口絵参照）。

なぜ真ん中に王があるのか。王というのは羊からできているからですね。羊というのは無知な私たちのことだとお話がありました。それは、みんなに付和雷同し、自分が何ものかを知らない、集合意識をつくり出しています。けれど、その羊の字の上の

「ソ」が外れると王になります。「ソ」は外れるという思念です。

羊が次元を上昇すると、自分が力を持っているということに気がついて王のエネルギー、陽のエネルギーになります。そしてそれが突き抜けると、反転を起こして今度は神になります。

ですから、イエス・キリストは「わたしは神の子羊だ。人の子羊だ」と言っているのですね。その人がユダヤの王だということで処刑されて、イエス・キリストという神になったのです。それは私たち一人一人の命も同だということでもあります。

これまで起きてきたこと、言い伝えられていることのすべては、象徴されているのですね。その本当の意味がわからなかっただけです。

【吉野】西洋東洋問わず、真理の本質はひとつなのです。言葉、数字、形からすべて読み解けます。それに十字架にはイエス・キリストが磔《はりつけ》にされたと思っていますが、本当は羊であり、王であり、神なる自分の命なのです。その自覚によって、反転を起こして神になるというのは私たちのことなのです。そしてまた羊であり続けることも自由です。

私という光の柱を立てるというのはそういうことなのです。吉野信子という名前に柱を立ててそれを、渦を巻いてひっくり返す。111の儀式というのは、そのことを表しています。

一人一人が王という心の天皇になり、そしてすべての現象を自分がつくり出しているのだということを自覚することで、神になり自分が思う現象をつくり出します。それが世界を変える方法です。

一人一人が心の天皇になる

【越智】つまり、私たちは本来神の子であり、その力を誰もがもっているということを、カタカムナを通じて伝えていきたいということですね。

【吉野】そうなのです。世界を変える力というのはあなたの中にあるということを言いたいのです。そのために私たちは聖地巡礼をしてきました。

柱《はしら》

【破字】 木（エネルギー）が主（しゅ）
【数霊】 42＋23＋31＝96（天皇）

111を生み出すために、柱を生み出す。それは結局、自分自身の中の柱を立てないと生み出せないということで、みんなでやってきました。一人一人が命の天皇になるのです。

[越智] この本は2018年の12月に出て、本格的にみなさんの手にわたるのは2019年の1月になります。平成最後の年、2019年はご退位があり、また新元号になります。この大きな節目のなかで、多くの方は大きな変化を感じていると思います。そういうときにちょうどこの本は世に出ます。それもまた必然だと思います。
2019年の19という数霊は、生まれ出るというエネルギーです。そして2018

年の18は、命を感じるという意味です。本当にみんなが自分の中の根源のすばらしい光のエネルギーを感じ始めるときでした。

２０１８年にはいろいろな事件もありました。

たとえばタイの洞窟にサッカー少年たちが17日間閉じ込められたのですが、全員無事に出てきました。それも真っ暗な洞窟の中で、コーチが教えてくれた瞑想をしていたのです。そうすると恐怖はなく、時間も３日間くらいの感じだったと言います。逆に、暗闇の中で目を閉じたほうが内なる光で明るいのです。気持ちがいいし、彼らもいろいろな楽しいことを思い浮かべていたそうです。

また、日本でも１週間行方のわからなかった２歳の男の子を発見したベテラン・ボランティアの尾畠《おばた》春夫さんは、たった20分でその子を発見しました。それも夜中３時に出発しています。その時間は私たちの意識がもっともクリアになる時間帯です。生きていると信じ、絶対助けると決めていたからこそでした。そうすると時空を超えて男の子の意識とつながって、導かれていくのですね。それはまさにスピリチュアルな実証だったと思います。

【吉野】まさに思いが現象化するのです。時間は過去から未来に流れるのではなく、未来から過去へ流れています。過去は変えられません。今の思いを変えれば未来も過去も変わります。

【越智】そういうことをこの旅ですごく見せてもらいました。そういう意味では今年はまさに命を感じる年でした。最近の社会現象を見ていても、ああ、もう人類目覚めのときだなと思うことが多かったですね。

見えないものを信じる力、自分の中に入って本質の自分を知ることが大切です。そうすることで世界中が一気に目覚めます。だから楽しみです。２０１９年には日本に新しい天皇が誕生します。私たち自身の中にも、真の言霊で生きる天皇が誕生します。それをみんなが喜びで迎えるとき、カタカムナが広がり、瀬織津姫もさらにパワーアップされます。

まさに天と地をつなぐ龍の時代です。

女性性、女神性が開きます。目の神様は第三の目の奥にある松果体です。瞑想もその目を開くということです。

あの尾畠さんの登場は、複合的に私たちの目覚めを促してくれました。これまで右往左往し、世間の波に流されていた羊たちが、みんなそれぞれ自分の王になっていく時代です。すばらしいときを迎えていると思って非常にわくわくします。

カタカムナという道しるべは、これから爆発的に広がりますね。

【吉野】 ありがとうございます。最後に、瀬織津姫が聖母マリアだということを言っておきたいと思います。聖杯というのは命を生み出す子宮のことです。そのエネルギーは聖母マリアのことであり、日本ではこれまで封印されてきた瀬織津姫のことです。瀬織津姫はこれまで古事記などでは機織姫として名前も出てきませんでした。この姫は天照大御神の別名だったのです。それがスサノヲ（目の中に入っている命の息吹）と統合して、新たな命を生み出します。

そしてまた天照大御神というのは、コノハナサクヤヒメとイワナガヒメが統合した球体（地球）のエネルギーであり、それが出てくることで平和な日本・世界が実現します。

倭の国というのは、聖母マリアの国・母の国という意味です。倭の国は、文字通り女の国であり、調和をはかり統合することです。そして伝わってくるものを時間をかけて統合して命を生み出す女ということです。

日本の女性性はこれから世界を動かしていく時代に入ります。これまでは善悪とか、勝敗といった二元性の原理が貫かれていましたが、これからは一元性の調和という、包み込む精神性の時代に入ります。まさに大和です。いよいよその時代の到来ですね。

【越智】ずばり日本の心は和をもって尊しで、調和、和を尊ぶのですね。それには女性性が、母性が、愛で包むしかないですね。母性復活です。

【吉野】母性、それは水のエネルギーで、羊水のエネルギーです。中にある命のエネルギーというのは羊を包む水です。

【越智】ここにも羊が出てきますね。羊水。びっくりです。日本語というのは。その羊が王になっていく時代です。すばらしいです。

【吉野】なぜ羊水というのかというと、生まれてくるのが羊だからです。

羊が神になっていく過程というのは、草薙剣という言霊を学んで、悟っていく過程です。最後に神になったとき、自分が言ったこと、自分が思ったことは、すべて現象化するのです。

この羊が、世界を変えていきます。草薙剣のように全部をなぎ倒してしまうのです。草薙剣は天叢雲剣とも言いますが、そこに出てくる雲というのは、引き寄り、漂うことです。みんながひとつになって、群れのように漂うことで、集合意識が世界を変えていくでしょう。

【越智】これまで瞑想で「我神なり」と唱えていましたが、雷と聞こえてしまうので、どうしたらいいかと考えていました（笑）。それで浮かんだのが創造主です。創造する主、クリエイションの主です。そのほうが、役割がはっきりします。

その迷える子羊がどうやって王になっていくのか。言霊の力で「私は創造主です」という意識に目覚めたら、いっぺんに主になります。自分の人生の主人公になります。そして王になるのです！　それぞれが光ですから、その内なる光をバーッと出して、一緒にクリエイションを起こしていきましょう。

【吉野】まさに「イマジン」「想像（創造）してごらん！」ですね。一緒に旅をしてくださってありがとうございました。これからも旅は続いていきますので引き続きよろしくお願いします。感謝（！！！）

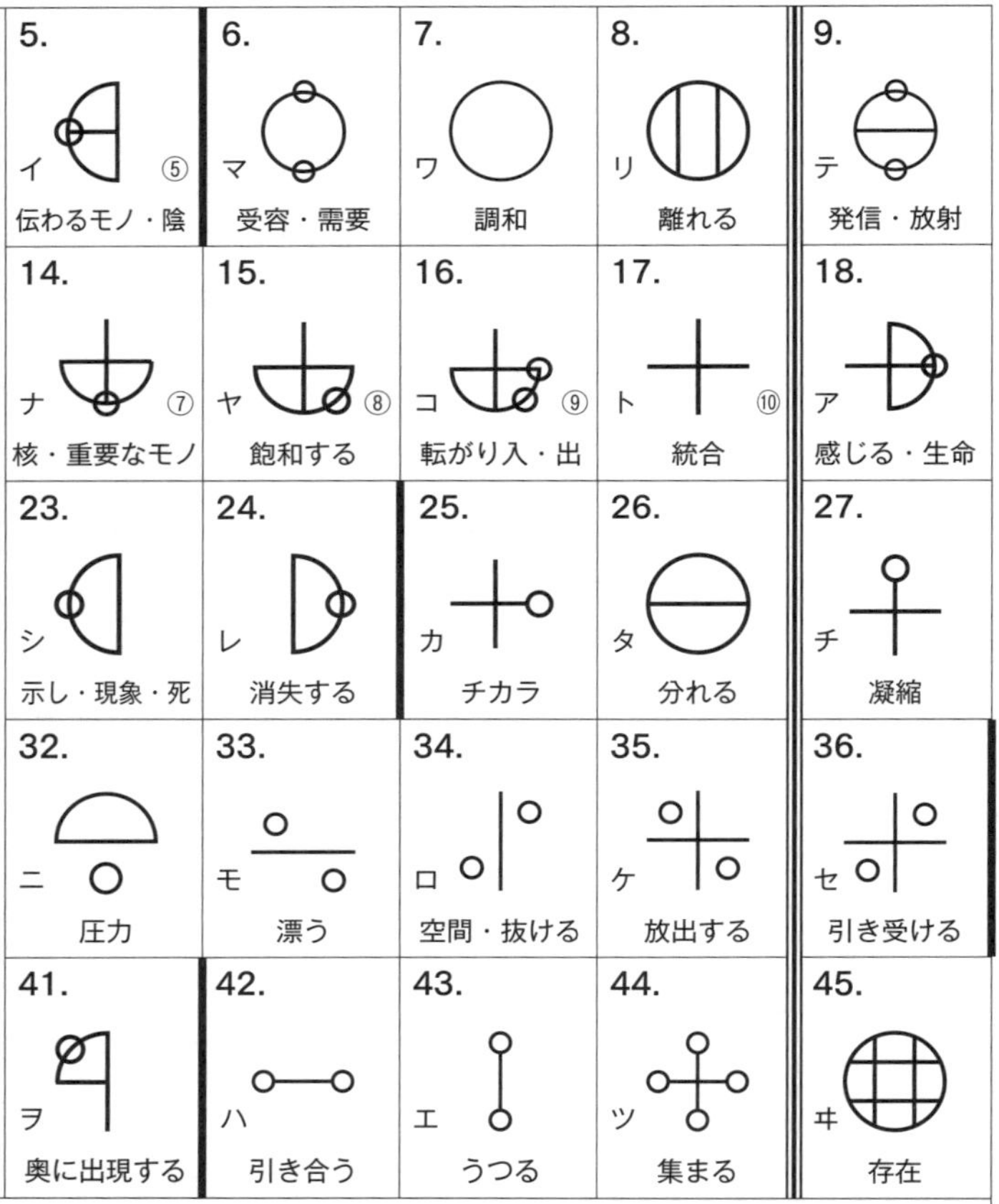

ヒ《1》フ《2》ミ《3》ヨ《4》イ《5》　マ《6》ワ《7》リ《8》テ《9》メ《10》ク《11》ル《12》　ム《13》ナ《14》ヤ《15》コ《16》ト《17》　ア《18》ウ《19》ノ《20》ス《21》ベ《22》シ《23》レ《24》　カ《25》タ《26》チ《27》サ《28》キ《29》

ソ《30》ラ《31》ニ《32》モ《33》ロ《34》ケ《35》セ《36》　ユ《37》ヱ《38》ヌ《39》オ《40》ヲ《41》　ハ《42》エ《43》ツ《44》ヰ《45》ネ《46》ホ《47》ン《48》　**カタカムナ**

→　これら48音の響きが、物質・生命体**カタ**の、

その見えないチカラの広がり**カム**の、核**ナ**から出ています。

（注）　①～⑩までは、１次元から10次元までを表しています。
短い太いたて線は５字７字のウタの切れ目を表しています。
長い３重線は数霊に関連した線です（この本では説明を省略しています）。

カタカムナ48音の思念（言霊）表

1.  ヒ ① 根源から出・入	2.  フ ② 増える・負	3.  ミ ③ 実体・光	4.  ヨ ④ 新しい・陽
10.  メ 指向・思考・芽	11.  ク 引き寄る	12.  ル 留まる・止まる	13.  ム ⑥ 広がり
19.  ウ 生まれ出る	20. 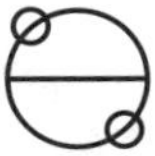 ノ 時間をかける	21.  ス 一方へ進む	22.  ヘ 縁・外側
28.  サ 遮り・差	29.  キ エネルギー・気	30.  ソ 外れる	31.  ラ 場
37.  ユ 湧き出る	38.  ヱ 届く	39.  ヌ 突き抜く・貫く	40. 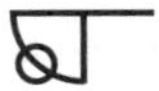 オ 奥深く
46.  ネ 充電・充たす	47. 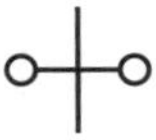 ホ 引き離す	48.  ン 掛かる音を強める	

			49.	50.	51.	52.	53.	54.
			転がり 入って 統合する	統合する	縮小する 減少する	伝わる 振動	入って くる	発動する もの
55.	56.	57.	58.	59.	60.	61.	62.	63.
伝わる ものを 伝える・ 生命の種	伝わる 受容・ 広がり	伝わる 調和	伝わる ものが 離れる	伝わる ものが転 がり入る	受容する もの	受容の広 がりが出 る・入る	受容の広 がりが振 動する	広がる 実体
64.	65.	66.	67.	68.	69.	70.	71.	72.
放電する	受容の 広がりが 伝わる	次々と 受容する	広がりが 調和する	受容が 離れる	広がりが 発信・放 射する	調和その もの	調和した ものが根 源から分 れて出る	膨張
73.	74.	75.	76.	77.	78.	79.	80.	81.
注入する	近づける	調和が 伝わる	調和する 広がり	次々と調 和する核	調和が 離れる	調和して 転がり出 る・入る	離れる もの	離れて根 源から出 る・入る もの
82.	83.	84.	85.	86.	87.	88.	89.	90.
開放 解放	出す 送る	中に入る チカラ	離れて 伝わる	離れる 受容	離れて 調和する	飽和して 次々と 離れる	離れて 転がり 入る	発信・ 放射する もの
91.	92.	93.	94.	95.	96.	97.	98.	99.
中に入る	入るエネ ルギー	発信・放 射を入れ る実体	転がり 出る新し いもの	転がり 入って伝 わるもの	発信・ 放射する 広がり	転がり 入って 調和する	転がり 入って 離れる	次々と 転がり入 り転がり 出る

カタカムナ数霊の思念表　1～99

1. ヒ	2. フ	3. ミ	4. ヨ	5. イ	6. マ	7. ワ	8. リ	9. テ
根元から 出・入	増える 負・振動	実体・光	新しい・ 陽	伝わる もの・陰	受容 需要	調和	離れる	発信 放射
10. メ	11. ク	12. ル	13. ム	14. ナ	15. ヤ	16. コ	17. ト	18. ア
指向 思考・芽	引き寄る	留まる 止まる	広がり	核・重要 なもの	飽和する	転がり 入・出	統合	感じる 生命
19. ウ	20. ノ	21. ス	22. ヘ	23. シ	24. レ	25. カ	26. タ	27. チ
生まれ 出る	時間を かける	一方へ 進む	縁 外側	示し 現象・死	消失する	チカラ （重力）	分れる	凝縮
28. サ	29. キ	30. ソ	31. ラ	32. ニ	33. モ	34. ロ	35. ケ	36. セ
遮り・差	出る エネル ギー・気	外れる	場	圧力	漂う	空間 抜ける	放出する	引き受け る
37. ユ	38. ヱ	39. ヌ	40. オ	41. ヲ	42. ハ	43. エ	44. ツ	45. ヰ
湧き出る	届く	突き抜 く・貫く	奥深く	奥に出現 する	引き合う	うつる	集まる	存在
46. ネ	47. ホ	48. ン						
充電する 充たす	引き離す	押し出す 力						

越智啓子（おちけいこ）

精神科医（魂科医・笑いの天使）
北九州生まれ。1978年東京女子医科大学卒業。東京大学医学部附属病院精神科で研修後、ロンドン大学附属モズレー病院に留学。1995年東京で「啓子メンタルクリニック」を開業。1999年沖縄へ移住。笑い療法、過去生療法、アロマセラピー、クリスタルヒーリング、ヴォイスヒーリングなどを取り入れた、新しいカウンセリングによる治療を行う。
現在、沖縄・恩納村にあるクリニックを併設した癒しと遊びの広場「天の舞」と「海の舞」を拠点に、全国から訪れるクライアントの心と魂の相談に応じながら、各地で講演会やセミナーを行っている。代表作『人生のしくみ』『ゆるゆるの法則』（徳間書店）など、多くの書物を出版。
http://www.keiko-mental-clinic.jp

吉野信子（よしののぶこ）

カタカムナ研究家。カタカムナの思念表著作者。

太古の日本に存在した文明「カタカムナ」の研究に打ち込み、48音の思念を読み解き、検証し、「カタカムナ48音の思念（言霊）表」を発見した。2003年より日本ゴールボールチームを通訳兼スタッフとしてサポート。2012年のロンドンパラリンピック大会では、カタカムナの思念を用いた言霊の力で、日本女子ゴールボールチームを念願の金メダル獲得へと導いた。2018年４月に「カタカムナ学校」を開校。自身が校長を務め、講師養成講座を通してカタカムナを世界に広める活動を行っている。

著書に『カタカムナ言霊の超法則』『カタカムナ数霊の超叡智』（徳間書店）がある。

http://katakamuna.xyz

カタカムナでめぐる聖地巡礼

第１刷　2018年12月31日

著　者　　越智啓子／吉野信子
発行者　　平野健一
発行所　　株式会社徳間書店
東京都品川区上大崎 3-1-1 目黒セントラルスクエア
郵便番号 141-8202
電話　編集（03)5403-4344　販売（048)451-5960
振替 00140-0-44392
印刷製本　大日本印刷株式会社

ISBN978-4-19-864740-7

岩山と白いオオカミ　瑠璃作

大石林山は琉球随一のパワースポット（涅槃像）　（沖縄）

大神島で見つけた校旗はまさに
カタカムナだった　（大神島）

カタカムナ研究会の校旗

ミーヌシンは伊雑宮とつながっている　（沖縄・伊勢）

さとううさぶろうさん作の白装束を着て
（広島セミナーにて）

コノハナサクヤヒメと
龍と富士山　瑠璃作

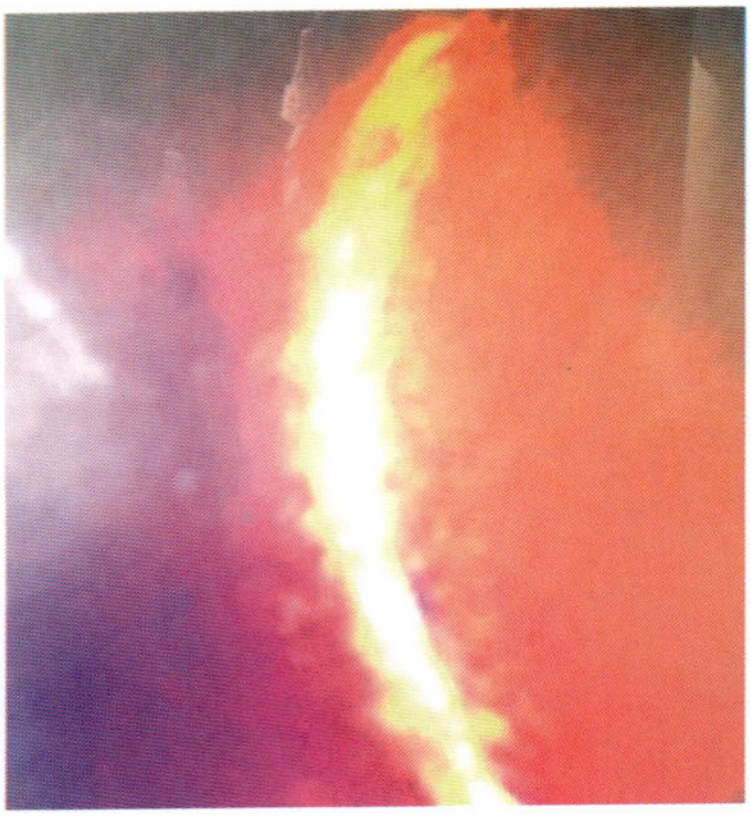

スサノヲのエネルギーが
ミーヌシンで出現　（沖縄）

スサノヲのエネルギーは
岩手でも　（岩手）

隼人はカタカムナ人だった　（鹿児島）

薩摩富士と言われる開聞岳　（鹿児島）

桜島　（鹿児島）

蛭児神社　（鹿児島）

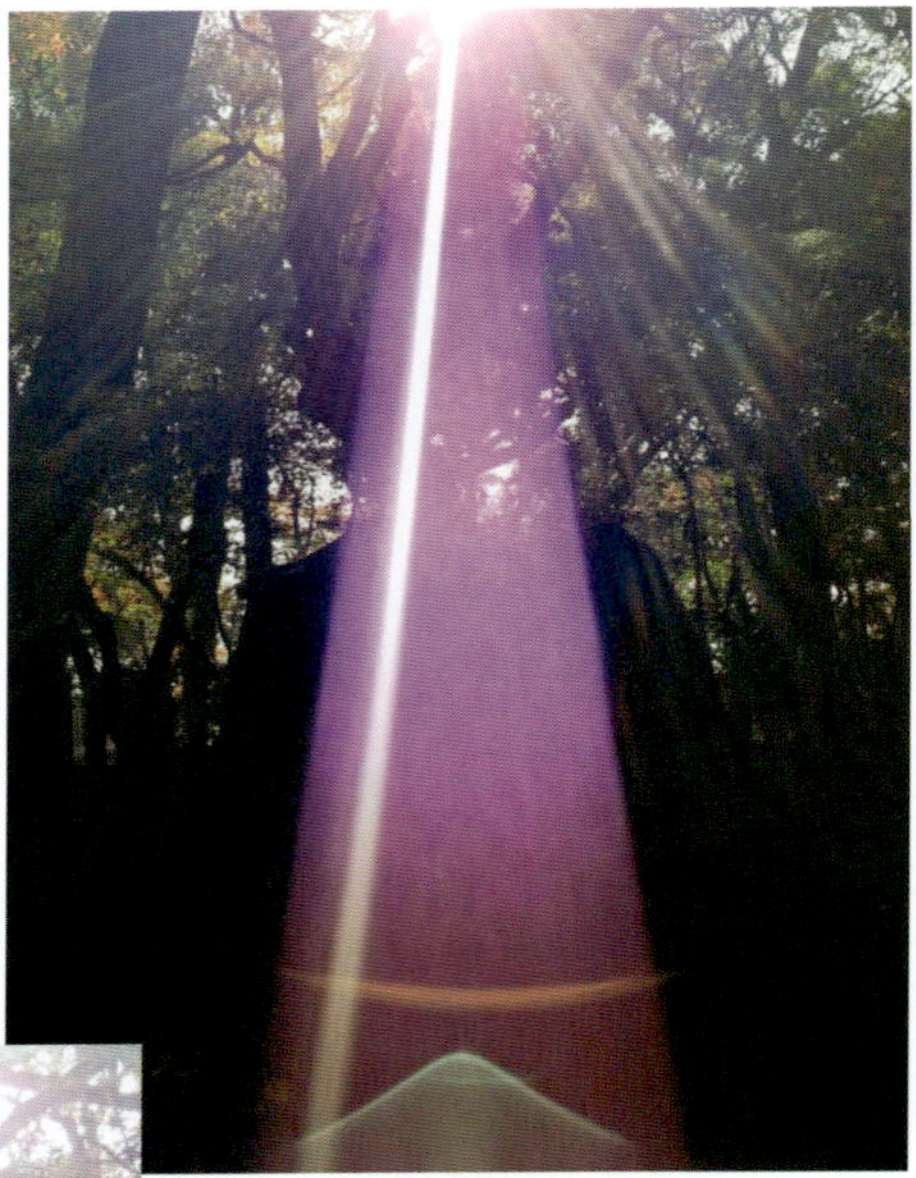

保久良神社で撮影した光、
富士山がくっきり　（神戸）

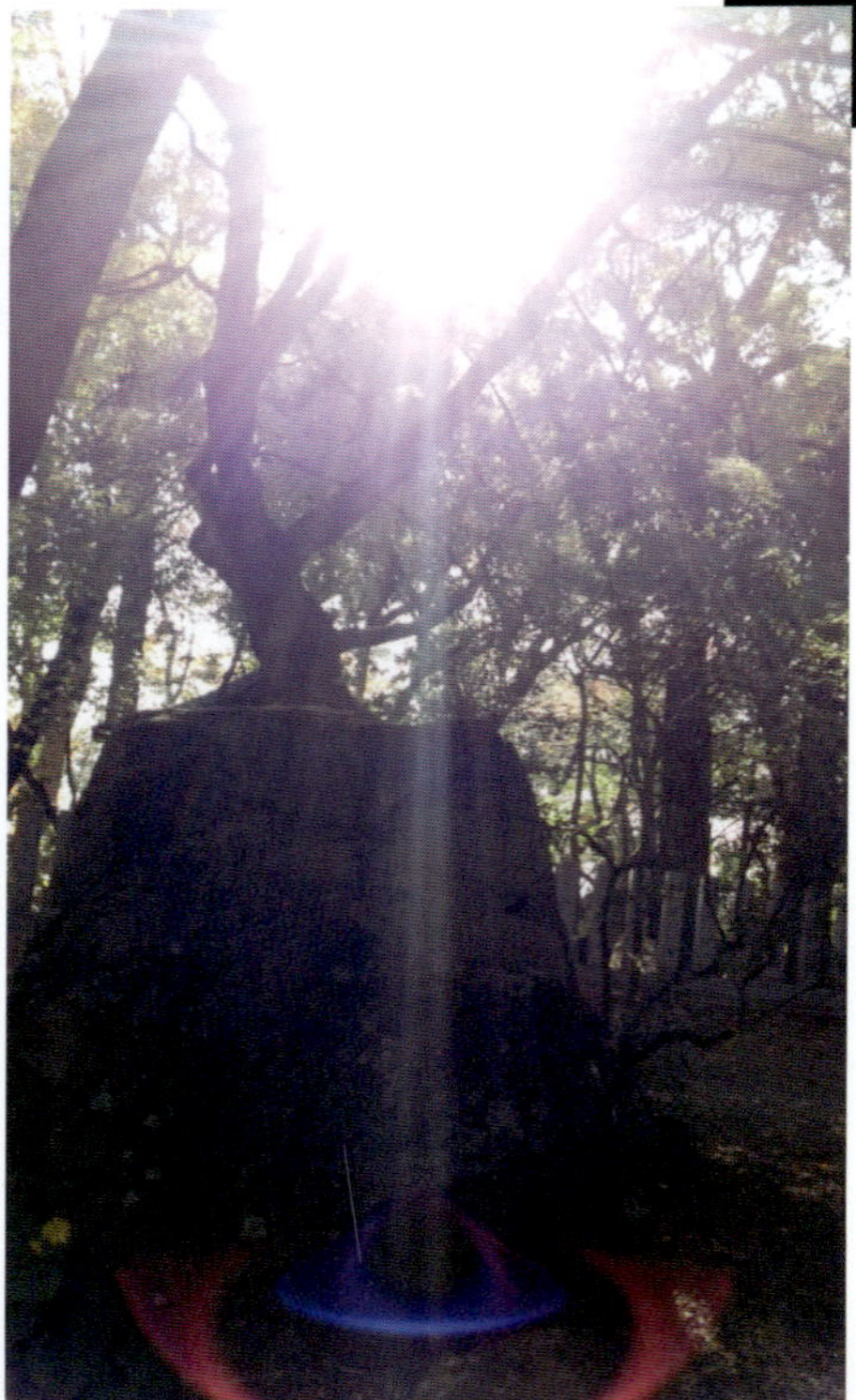

カタカムナの聖地・保久良神社で
撮影した光　（神戸）

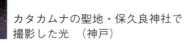

六甲比命大善神
（神戸）

保久良神社の立岩
（神戸）

人穴浅間神社は愛のエネルギー　（静岡）

富士は晴れたり日本晴れ！　（富士）